放蕩の子どものための祈り

わが子のために祈る90日

PRAYERS FOR PRODIGALS
90 Days of Prayer for Your Child

ジェームス・バンクス 著
サンティラン前田登茂恵 訳

いのちのことば社

PRAYERS FOR PRODIGALS

Published by special arrangement with Discovery House Publishers,
3000 Kraft Avenue SE, Grand Rapids, Michigan 49512 USA.

私にとって、自分の子どもたちが真理のうちに歩んでいることを聞くこと以上の大きな喜びはありません。（ヨハネ第三 一・四）

信仰、希望、愛をもって、私の子どもたちへ。

推薦の言葉

「この本は、子どもが戻ってくるように、そして、待っている間にも神の平安を体験するように祈りたいと望んでいる、放蕩の子どもを持つ親の実際的な必要を満たします」

シェリー・フラー（『*Mother, Daughter Duet*』『*The One Year Women's Friendship Devotional*』著者・スピーカー）

「私はこの本が書かれたことに興奮しています。放蕩の子どもを持つ親には、たとえ祈りが答えられていない兆しが全く見えないときでも、祈り続けるために、多くの励ましが必要です」

ファーン・ニコルズ（マムズ・インタッチ・インターナショナル創設者・代表）

「長年の牧会とカウンセリングを通し、人の言うことを聞かない強情な子を持つ多くの親と出会ってきました。私たちの神こそが、祈りに答えられるお方なので、子どもたちが親の元に、そして神の御元《みもと》に戻ってくるための鍵となります。私は、心を痛めている多くの親たちを助けるために、この本を用いるのを楽しみにしています」

ケリー・L・スキナー（KLS／ライフチェンジ・ミニストリーズ）

「私の母、ルース・ベル・グラハムが生きていたら、彼女はこの本『放蕩の子どものための祈り』を愛用したことでしょう。なぜかですって？　なぜなら、彼女は放蕩の子を愛していたからです。私にはわかります。なぜなら……私がその放蕩の子だったからです。ジェームス・バンクス氏は、人の言うことを聞かない強情な子のゆえに苦悩する多くの父親や母親の心を明確に捉えています。ジェームス氏は、子どものための親の祈りの秘訣を、彼が経験した深みから分かち合っており、効果的な祈りの真理を明らかにしています。効果的な祈りの真理とは、神のみことばです。私は、すべての親がこれらのページに記されたことを熟読するならば、自分たちに与えられた最も貴重で価値あるもの（子どもたち）に対し、主に信頼し、導きと慰めを得ることであろうと信じます」

フランクリン・グラハム（ビリー・グラハム伝道協会・サマリタンズ・パース総裁）

「父親として、また祖父として、私は時々、子どもや孫を慕う気持ちや感謝を表現するための言葉を熱心に探しました。ジェームス・バンクス氏の祈りの言葉は、正直で助けとなります。私は成人した子どもたちにこの本を用いるようにと、分かち合いました」

レイトン・フォード（レイトン・フォード・ミニストリーズ代表）

お礼の言葉

神は、本書の執筆を助けるために、また、放蕩の子どもを育てる挑戦や困難を助けるために、そのつど、私たちに人々を遣わしてくださいました。私にはその両方の助けが必要でした。彼らすべてに深く感謝いたします。

アネット・ガイセン、ジュディス・マークハム、キャロル・ホルクィスト、そして、ケティ・ペント、あなたがたのこの本に対するビジョンはものすごい祝福でした！　ミランダ・ガードナー、あなたの注意深い編集、そして、神のみことばへの思いは、祈りに対する答えです！　あなたがた一人ひとりとともに働けたことは、なんという喜びでしょう！

私は特に、ノースカロライナ州ダラムのピースチャーチで祈ってくださった人々にも感謝いたします。ケン＆バーバラ・デイビス、ボブ＆マーティー・グリフィン、ジョン＆ジャネット・ノーシング、ウェンディ・ワトソン、ブルース&ジャン・グレイ、リチャード&ベッツィ・ハミルトン(そして、他にも多くの人々!)。あなたがたは私に救い主を見せてくれました。

ドン・ウエストブルック、ジャニス・ウエストブルック、ダブ・キャリカー、ディック・ビゲロー、マック・ベイヤー、スコット・マッククリントック、そして、ウェイド・ボーウィック、あなたがたの真実な祈りは、私の街を変えており、私に力と慰めを何度も与えてくれています。

デイブ・ウィネマン、フランク・カーター、デイビッド・ビーティー、ハワード&マーガレット・ショッククレイ、ディック&シェリリー・リトル、あなたがたの知恵と熱い愛のある同情心は、困難なときに与えられた神からの贈り物でした。ボブ・マイヤー、ジョエル・コリアー、ガース・ロゼル、エド・マッキャラム、ジョン・ホルセック、アラン・ライト、あなたがたの励ましによって、私は書き続けることができました! ダラムにあるアビラセンターのシスター・ダミアン、シスター・キャム、そしてキャシー、あなたがたは私が祈って書くことができるように、「ベタニア」の休憩の場を提供してくれました。神がそのことのゆえに、あなたがたを祝福してくださいますように!

キャリー、あなたは、二十五年にわたり、私の美しい妻でいてくれただけでなく、今まで出会った誰よりも驚くほどすばらしい母親です。この本は、あなたなしでは存在し得ませんでした。

すべての賛美と誉れは、唯一の真実の神、私たちの救い主、父、子、聖霊、いのちを与え、息を与え、すべての希望と祝福を与えてくださるお方に帰します。

ソリ・デオ・グロリア（ただ神にのみ栄光あれ）！

はじめに

「放蕩している子どもたちは、性別、人種、年齢、肌の色に限られません。彼らには、唯一、共通していることがあります。それは、彼らは家から出て行き、悲しみの中で帰りを待ち望まれているということです」（ルース・ベル・グラハム）

あなたに放蕩している子どもがいるとき、祈りがいつも簡単に出てくるわけではありません。祈らなくてはならないと分かっていても、どこから始めてよいのかわからないのです。ですから、この本が書かれました。

神は私に、二人の放蕩の子どもたちを与えて祝福してくださいました。私は「祝福」という言葉を用います。なぜなら、彼らは他の子どもたちと同様に、神からのギフトだからです。放蕩の子どもたちは、特に貴重なギフトです。それは、彼らは私たちに、忍耐、自分自身に必要な赦《ゆる》しの深さ、祈りによって常に神に頼ることなど、多くを学ばせてくれるからです。子どもたちが私たちをひざまずかせるとき、私たちは神が助けてくださるのに、一番良い場所にいるのです。

神の最高のレッスンは、時に、最もチャレンジングなものです。自分自身の力の限界に達するとき、私たちは神の力に拠り頼むことを学びます。祈りを通して、神は私たちの手を取り、そのチャレンジがなければ決して見ることのなかった新しい恵みの場へと導きます。

『放蕩の子どものための祈り』は、あなたが祈るように助け、子どもたちへの祈りに答えてくださる神の力を思い起こさせます。聖書のみことばに基づいた一週間毎日続ける九十日の祈りは、放蕩している子どもたちの両親が直面する多くの感情的、また実際的なチャレンジをカバーしています。各週ごとに、過去に神が放蕩している子どもたちの人生にどのように働いてくださったかという個人的な証しや実例を含み、さらに最も大切である、イエスの人生と約束からのインスピレーションを含む、短いメディテーションから始まります。ある祈りは息子のために、また、ある祈りは娘のために書かれています。しかし、あなたが祈るとき、その代名詞を変えれば、祈りはどちらにも当てはまります。

私は、この祈りが、あなた自身の祈りのスタート地点として用いられるようにと望んでいます。

ですから、祈りの最後に「アーメン」と加えていません。あなた自身の思いを加え、放蕩している子どもたちの救いのために、イエスの御名《みな》によって祈り続けてほしいと願っています。あなたの子どものための特別な必要を神の御前《みまえ》に持って行くとき、その思いを書き込むことができるよう、それぞれの祈りの最後にスペースを取ってあります。

自分で祈るだけでなく、誰かとともに祈ることもお勧めします。子どものために祈る夫婦は、パワフルなチームとなります。ある親は、子どものために祈る特別な夜の時間を作り、自分たちがその時間に祈っていることを子どもに知らせます。ある親は、夫婦で断食する日を決め、またある親は、子どもの人生の特別な必要のために、他の人に日々ともにとりなしの祈りをするように求めます。ジム・サインバラがしたように、祈りの会で息子や娘のために祈ることは、神が美しい方法で子どもの人生に働かれるよう、扉を開くことができます（第五週「信仰の担架」参照）。

祈りのさらなる励ましを、私のウェブサイト、Prayers For Prodigals.org で見られるようになっています。もし、この本を通して祈った祈りに神が答え、神があなたの放蕩の子に働かれたという証しがあれば、ぜひ分かち合ってください。

神が、子どもの永遠の未来を変えるために、この本を用いてくださり、あなたの祈りを通して、あなたの息子や娘がイエスとの生きた関係を持つようになることが、私の心からの祈りです。この世にあっても、次に来る世にあっても、それ以上に大切なことはありません。

目次

第一週　泣かなくてもよい

主はその母親を見て深くあわれみ、「泣かなくてもよい」と言われた。（ルカ七・一三）

伝道者のビリー・グラハムとルース夫妻は、放蕩の子を育てる親の葛藤というものを身にしみて知っていました。ルース・グラハムはその著書『放蕩の子どもたちと、彼らを愛する者たち』（*Prodigals and Those Who Love Them*）の中で、わが子への心配のあまり、夜中に目が覚めたときのことを次のように語っています。

「それは、海外に滞在中のある明け方でした。疲れきっていたにもかかわらず、三時頃に突然目が覚めました。私が愛してやまない者の名前が脳裏をよぎったのです。それは電気ショックのようでした。

私は瞬時にして、目がさえてしまいました。もう眠れないと思った私は、横になったまま、神から激しく逃れようとしている者のために祈りました。子どもへの心配が妄想のように暗く、悪いほうへと膨らむとき、母親だけが理解できる恐れがあります。

突然、主が私に語られました。『問題を研究するのは止め、約束を学び始めよ』。

神が実際に声を出して私に語られたことはありませんが、その語りかけを聞き違えることは絶対にありません。私は電気をつけ、聖書を開きました。最初に語られたみことばは、ピリピ人への手紙の四章六節から七節でした。

『何も思い煩わないで、あらゆる場合に、感謝をもってささげる祈りと願いによって、あなたがたの願い事を神に知っていただきなさい。そうすれば、すべての理解を超えた神の平安が、あなたがたの心と思いをキリスト・イエスにあって守ってくれます』（注・傍点筆者）。そのとき、突然、気づかされたのです。私の祈りに欠けていたことが『感謝をもって』であるということに。

私は聖書を閉じ、主がどなたであって、主がどのようなお方であるかゆえに、主を賛美することに時間を費やしました。これは、すべての肉なる者が理解できる以上の領域をカバーします。私たちが理解できるほんの少しのことに思いを潜めるだけで、疑いは消え、信仰があらたになり、喜びが戻ります[*1]」

私たちはしばしば、最も「そのような気になれないとき」、あえてイエスを選び取らなくてはなりません。障害となる困難や思い煩いをわきに置き、イエスだけに思いをフォーカスしたとき、平安と確信がやってきます。なぜなら、「キリストこそ私たちの平和」（エペソ二・一四）であるからです。神経が緊張し、感情が高まり、スケジュールに圧倒されるときこそ、自分の部屋に行き、「戸を閉め」、祈る（マタイ六・六）必要があります。すべてを置いて、神と時間を過ごし、神が「聖であって輝き、たたえられつつ恐れられ、奇しいわざを行う」（出エジプト一五・一一）お方であることを思い出さなくてはなりません。私たちがそのようにすると、必要としているその場所で、主は出会ってくださいます。

新約聖書には、イエスがやもめ女の一人息子の葬列に出くわしたとき、どのように「ナインという町」の門に入って行かれたかが書いてあります。ルカは注意深く記しています。「主はその

母親を見て深くあわれみ、『泣かなくてもよい』と言われた」。そして近寄って「棺に触れられ」、行列を止め、青年に話しかけ、彼を死からよみがえらせました。それからイエスは、「彼を母親に返された」のです（ルカ七・一一～一五）。

ルカがイエスの心を表すために用いた言葉、「主はその母親を見て深くあわれみ」（訳注・英語では、主の心が母親のほうに向かった）とは、主ご自身の中心（まさに「はらわた」を意味します）からの思いの深さを表現しています。わが子のことを嘆き悲しむとき、救い主の心が同じように私たち親にも向けられるということを確信することができます。主は、主だけにしかできない方法で、私たちを慰め、助けたいと願っておられます。

しかし、それが起こるには、イエスを待ち望まなくてはなりません。私たちが活動している最中に、主がそれを止められるのに任せなくてはなりません。そして、私たちが直面している問題を、主の御手《みて》にゆだねなくてはならないのです。そのやもめ女は、イエスが何をされようとしているのかを知りませんでした。主がなされたことは、論理を崩し、すべてを変えました。

葬列は祝宴に変わりました。ルカはこう書いています。「人々はみな恐れを抱き、……神をあがめた」（ルカ七・一六）。嘆き悲しみは賛美に変わり、絶望は喜びに変わりました。すべて、イエスのゆえにです。主はナインの町に、予期せぬ喜びをもたらしました。

その日、イエスが葬列を止める前、ナインの人々は主がどなたであるのかを知りませんでした。しかし、私たちは知っています。主が「生ける神の御子キリスト」（マタイ一六・一六）であり、常に賛美されるべきお方であるということを。主は「よみがえり」であり、「いのち」（ヨハネ一一・二五）であり、子どもたちにいのちを与えてくださるお方です。

それを知っているならば、一歩踏みとどまって、主を待つことができるのです。主は私たちのほうに来られます。そして、息子や娘に向かって、何かを言ってくださいます。

罪人よ、来たれ。貧しく、必要のある者、
弱く、傷ついた者、病気、痛みのある者、
イエスはあなたを助けようと待っておられる。
あわれみと、愛と、力に満ちて。
――ジョセフ・ハート著『罪人よ、来たれ。貧しく、必要のある者』（*Come, Ye Sinners, Poor and Needy*）

＊1　グラハム著『放蕩の子どもたちと、彼らを愛する者たち』（*Prodigals and Those Who Love Them*）五〇～五一頁

第一日　永遠の慰め

どうか、私たちの主イエス・キリストと、私たちの父なる神、すなわち、私たちを愛し、永遠の慰めとすばらしい望みを恵みによって与えてくださった方ご自身が、あなたがたの心を慰め、強めて、あらゆる良いわざとことばに進ませてくださいますように。(第二テサロニケ二・一六、一七)

「永遠の慰め」

父よ、私はこの言葉を愛しています。

「永遠の慰めとすばらしい望み」

私は今、本当にこの両方が必要なのです。

私のためにだけではなく、私の子のためにも。

彼はあなたから遠く離れています。戻って来る必要があります。

彼は私の祈りを必要としています。

彼は今、今まで以上に私の祈りを必要としています。

そして、あなただけが、私がそうできるように助けることがおできになります。

主、イエスよ。私が祈ることができるよう、助けてください。

あなたが弟子たちに教えられたように、私に祈りを教えてください（ルカ一一・一）。

私が毎日、そして一日中祈ることができるように、助けてください。

あなたの御霊《みたま》で私を満たし、あなたの愛が、私から、私の子の人生に流れ出るようにしてください。

自分のリクエストに答えられるまで、裁判官のところに「通い続けた」やもめのように（ルカ一八・三）、「夜昼」祈り続けることができるように助けてください（ルカ一八・七）。

そうして、私が子どもの心に真の前進を見ることができますように。

イエスよ、あなたは言われました。

「信じる者には、どんなことでもできるのです」(マルコ九・二三)

「信じます。不信仰な私をお助けください」(マルコ九・二四)

主よ、私の息子を救ってください！　あなたが私の息子を「暗闇の力」から救い出し、あなたの愛と「光の御国」に導き入れてくださるためになしてくださることを、私は前もって感謝します(コロサイ一・一二、一三)。

私はあなたがそうしてくださると信じています。なぜなら、「私たちは見えるものによらず、信仰によって歩んでいる」からです(第二コリント五・七)。

私はあなたがそうしてくださると信じています。なぜなら、あなたはそれを約束してくださったからです。あなたのみことばが、こう言っています。「しかし　主の恵みは　とこしえからとこしえまで　主を恐れる者の上にあり　主の義は　その子らの子たちに及ぶ」(詩篇一〇三・一七)。

あなただけが与えることができる、永遠の慰めを感謝します。

私は励まされました！　あなたは神であられ、祈りに答えられます！

あなたの「愛は決して絶えることがありません」(第一コリント一三・八)。

あなたは私自身の放蕩していた心までも戻してくださいました。
あなたが、私の子どもにも同じようにしてくださいますことを感謝します。
「わが力なる主よ。私はあなたを慕います」（詩篇一八・一）
そして、私の子もあなたを慕うその日のゆえに、私はあなたをほめたたえます。

第二日　自分が親として失格者だと感じるとき

あなたがたを、つまずかないように守ることができ、傷のない者として、大きな喜びとともに栄光の御前に立たせることができる方……。

（ユダ二四）

父よ、私は親として、もっと何かできることがあったのではないかと感じるときが、なんと多くあることでしょう。

もし、私に、もっとあなたの愛と力、そして知恵があれば、たぶん私の娘はあなたの近くにいることを選んでいたであろうに。

もし、私が今知っていることを、あのとき知っていたならば、私はいくつかのことを変えていただろうに。

父よ、私をお赦しください。私があなたに罪を犯し、あなたの最善から堕落し不足していた部分を（ローマ三・二三）。

私にはすでに起こってしまったことを変えることができないので、あなたがなしてくださっている新しいことに私の心を開いてくださるようにと、私は祈ります。

そして、私が「昔のことに目を留めない」ように（イザヤ四三・一八）。

そうではなく、「キリスト・イエスにあって神が上に召してくださるという、その賞をいただくために、目標を目指して走って」いられるように助けてください（ピリピ三・一四）。

あなたは、「わたしの恵みはあなたに十分である。わたしの力は弱さのうちに完全に現れるからである」と言われました（第二コリント一二・九）。父よ、私があなたに頼らなければならないことを思い起こさせてくださって感謝します。そして、あなたは私を「傷のない者として、大きな喜びとともに」あなたの御前に立たせてくださることができますから、感謝します。

私がどのように生きるかよく「注意」し、「知恵のない者としてではなく、知恵のある者として」歩めるように助けてください。

私が継続的に真剣に、娘をあなたへと向けるために、「機会を十分に活かし」て用いることができるように助けてください（エペソ五・一五、一六）。

あなたは「へりくだった者には恵みを与え」てくださいます（箴言三・三四）。ですから、あなたが私にしてくださったように、私がなすすべてのことにおいて、私が模範を示すことができるように助けてください（ヨハネ一三・一五）。

私が自分自身や自分の力に頼るのではなく、あなたにあって強く、あなたの「大能の力」にあって強くなることができるように（エペソ六・一〇）、「私の神、主よ。私の目をあなたに向けて」いることができますように、助けてください（詩篇一四一・八＊訳注・NIVよりの日本語訳）。

父よ、私に見えないところを、「隠れている私の罪をお赦しください」（詩篇一九・一二＊訳注・『聖書 新改訳』〔第三版〕）

私に「つまずきになるもの」がありませんように（ローマ一四・一三）。

主よ、娘が私の良い行いを見て、あなたをあがめるよう、私が娘の前で「光を輝かせ」ることができるように助けてください（マタイ五・一六）。

私の心をあなたの「愛とキリストの忍耐」へと導いてください（第二テサロニケ三・五）。

聖霊よ、私があなたに「満たされ」ますように（エペソ五・一八）、そうして、私の「心の奥底から、生ける水の川が流れ出」ますように（ヨハネ七・三八）、「永遠のいのちへの水が湧き出」ますようにに（ヨハネ四・一四）。

ただ私のためだけにではなく、私の愛する子どものためにも。

第三日　ダビデ、ゴリヤテ、主の名

ダビデはペリシテ人に言った。「おまえは、剣《つるぎ》と槍《やり》と投げ槍を持って私に向かって来るが、私は、おまえがそしったイスラエルの戦陣の神、万軍の主の御名によって、おまえに立ち向かう」（第一サムエル一七・四五）

主よ、私が子どもの人生の中での反抗に直面するとき、まるで巨人に立ち向かっているかのように感じるときがあります。

私は、どこから始めて良いのかわからないほど、あまりに多くのことに直面しているので、巨人の大きさを気にするのではなく、あなたに目を留めていたいのです。

あなたは「天の軍勢」の指揮官であられます（黙示録一九・一四）。

あなたに対抗できるものなど、何もありません！

ダビデがゴリヤテに立ち向かったときのように、「万軍の主の御名によって」私も立ち向かいます。

あなたの御力《みちから》だけが、この戦いに勝利をもたらすことができるのです。なぜなら、「私たちの格闘は血肉に対するものではなく、支配、力、この暗闇の世界の支配者たち、また天上にいるもろもろの悪霊に対するもの」だからです（エペソ六・一二）。

戦いは、私の子としているのではなく、あなたから離れさせようと彼に影響している霊的力とのものです。

私は、私の子の人生にある〝反抗の巨人〟に、「強く　力ある主。戦いに力ある主」の御名によって立ち向かいます（詩篇二四・八）。

あなたは「打つ主」であられるので（エゼキエル七・九）、私は、あなたが巨人を倒すためには何でも用いられることを祈ります。

これは私の子に対する私の思いではなく、あなたのみこころです。

私は、何ものとも比べられない「聖なる方」であるあなたが（イザヤ四〇・二五）、私の子と、彼を傷つける可能性のあるものとの間に立ちはだかってくださるようにと願い求めます。

私は、彼が、「いと高き方の恵みにあって揺るがない」で、あなたに近づけられるようにと祈ります（詩篇二一・七）。

そうすれば、彼はあなたを「主は私たちの義」であると知るでしょう（エレミヤ二三・一六）。あなたは「癒す主」であられるので（出エジプト一五・二六＊訳注・NIVよりの日本語訳）、彼が永遠に祝福されるよう、彼のあなたとの関係を、すべてにおいて、あなたが癒してくださるようにと祈ります。

「まことに人は、おのれの力によっては勝てません」（第一サムエル二・九＊訳注・『聖書 新改訳』〔第三版〕）。

しかし、祈りに答えてくださるあなたの偉大な力と恵みによってのみ、勝てることを感謝します！

父よ、あなたをほめたたえます。あなたと比べたら、反抗の巨人はとても小さいです。

揺らぐことのない父、御子、聖霊の御名によって、私はこの祈りを、愛をもって、あなたにおささげします。

第三日　ダビデ、ゴリヤテ、主の名

第四日　思い煩いをゆだねる

あなたがたの思い煩いを、いっさい神にゆだねなさい。神があなたがたのことを心配してくださるからです。

（第一ペテロ五・七）

主よ、あなたはどうしてそのようなことがおできになるのですか？

あなたは、私の子への思い煩いも含め、この世のいっさいの思い煩いをあなたの肩に負うことがおできになります。

あなたはそれらを、常に続けて担うことがおできになります！

あなたはそれらを担うだけではなく、それらに対して事を起こすことがおできになります。あなたはなんとすばらしいお方でしょう！　私と私の子のことを心配してくださってありがとうございます。

「力は神のもので」あり、「主よ　恵みもあなたのものです」（詩篇六二・一一、一二）。

私は今日、私のいっさいの思い煩いを、あなたにゆだねるために御前《みまえ》に来ています。

主、イエスよ、私は他のどんな願いよりも、私の娘があなたを知るようにと願います。

私は、彼女があなたとの生きた関係を持つようにと望んでいます。

もし、彼女があなたとともに歩んだならば、彼女はなんと祝福されることでしょう！

私はこの思い煩いをあなたにゆだね、あなたの御霊が彼女をあなたへと引き寄せてくださるようにと願います。

私は、彼女が悔い改めてあなたに立ち返るように、そしてその悔い改めにふさわしい行いをするようにと祈ります（使徒二六・二〇）。

主よ、私は彼女の身の安全も心配しています。彼女の選択、そして彼女が選んだ友人たちは、彼女を何度も危険な場へともたらしました。

私はその一部しか知りません。でも、あなたはすべてをご存じです。

主よ、私も彼女を守ろうと試みますが、あなただけが、彼女を安全に守ることがおできになります。あなたの「軍隊の数は非常に多く、主の命令を行う者は力強い」（ヨエル二・一一＊訳注・NIVよりの日本語訳）

あなたの御使《みつか》いたちを、彼女を見守るために遣わしてください。

主よ、あなたの「手と力」が、彼女を守ってくださいますように（エレミヤ一六・二一）。

私はこの思い煩いと、彼女自身を、再びあなたの肩にゆだねます。

彼女にとって、それ以上に良い場所はありません。

父よ、私は彼女の将来もあなたにゆだねます。

私は、彼女が心を尽くして、思いを尽くして、力を尽くして、あなたを探し求めるように、そしてあなたに喜ばれることを行うようにと祈ります。

私は、あなたが彼女のうちにおり、彼女があなたのうちにいるようにと祈ります（ヨハネ一七・二三）。そして、彼女が「顔と顔とを合わせて」あなたを知る喜びを得ますようにと祈ります（第一コリント一三・一二）。

その日が来るまで、あなたの「神としての御力」が、「いのちと敬虔」のために彼女に必要ないっさいのものを、与えてくださいますようにと祈ります（第二ペテロ一・三）。

主よ、あなたは私たちになんと「尊く大いなる約束」を与えてくださったことでしょう！（第二ペテロ一・四）

私はあなたをあがめます。私の思い煩いの重さが、私にとってどんなに重く感じようが、あなたにとっては軽く、運ぶのも簡単です。

「ほむべきかな　主。日々　私たちの重荷を担われる方。この神こそ　私たちの救い」（詩篇六八・一九）

私はいっさいの思い煩いを、あなたにゆだねます！

第五日　怒りの場（神の御手の中）

私の愛する兄弟たち、このことをわきまえていなさい。人はだれでも、聞くのに早く、語るのに遅く、怒るのに遅くありなさい。人の怒りは神の義を実現しないのです。

（ヤコブ一・一九、二〇）

父よ、私が子どもに対して直面する難しいチャレンジの一つは、私が怒ったとき、自分がどうするかです。

私は自分が不義な怒りを持っている間は、彼をしつけないように注意深くありたいです。なぜなら、そのようなときに私がしつければ、彼が私のしたことに対し、拒否する原因を与え、もっと反抗するようになるからです。

あなたのみことばは、「子どもをおこらせてはいけません。彼らを気落ちさせないためです」と言っています（コロサイ三・二一＊訳注・『聖書 新改訳』（第三版））。

今日、私が「語るのには遅く、怒るのに遅く」あるように、あなたが私を助けてください（ヤコブ一・一九）。

私が「愛を追い求め」ることができるように恵みを与えてください（第一コリント一四・一）。

それを目標として、私は十まで数えて、怒りをあなたの御手の中にゆだねることを練習しようと思います。

一、私は「人の怒りは神の義を実現しない」と認識します。特に、私の息子の人生において。

主よ、私にあなたの道を示してください。

二、私が怒りを避けられないときでも罪を犯さず（詩篇四・四）、あなたの知恵に従わせてください。

三、私が自分の心を探り、「静まる」ことができるように（詩篇四・四）、あなたの御霊が私を導いてくださるのを待つことができるように、助けてください。なぜなら、「御霊の思いはいのちと平安です」から（ローマ八・六）。

四、私が「聞くのに早く」なるようにしてください（ヤコブ一・一九）。私が、反応するのではなく、応答するように助けてください。そうして、私が後になって後悔するような、早まった決断や結論に至ることがありませんように。

五、私が「どんな場合にも」（第二テモテ四・五）冷静でいられるように、そうして、彼が行くべき道へと導くための知恵を私が持てるように、助けてください。

六、私の息子をしつける（懲らしめる）時がきたら、彼に対する特別な愛で私を満たしてください。なぜなら、「子を愛する者は努めてこれを懲らしめる」からです（箴言一三・二四）。

七、私が言葉に注意するように助けてください。そうして、たとえ私が怒っているときでさえ、「むしろ、必要なときに、人の成長に役立つことばを語り、聞く人に恵みを与え」ることだけを言うようにしてください（エペソ四・二九）。

八、私が息子をしつけ（懲らしめ）終えたら、「柔和な心で」彼を「正してあげ」ることができるように（ガラテヤ六・一）、そして、私たちが彼をどんなに愛しているか思い起こさせることができるように、助けてください。

九、私が「日が暮れる」まで「憤ったままで」いることがないように、そして、彼がしたことに対して、私が苦々しい長い怒りを宿すことがないように、助けてください（エペソ四・二六）。

十、私が「絶えず祈る」ことができるように助けてください（第一テサロニケ五・一七）。そうして、私が一瞬ごとに、息子と私を、あなたの御手の中にゆだねることができますように。

そうすれば、私たちはともに、怒りのシーズンから、あなたの祝福と喜びのシーズンへと歩いて行けるでしょう。

第六日　あなたの肩に

私の主　神　私の救いの力よ。（詩篇一四〇・七）

彼がまだ小さかった頃、彼は私の肩車が大好きだったことを、私は覚えています。

彼はそこでは、大きく、背が高く、力強く、何でもできるように感じていました。

彼はそこを、安全で安心できる場所だと感じていたのです。

主よ、私はもう、彼をそのように肩車にかついで運ぶことはできません。

しかし、私はあなたのみことばを思い出します。「主に愛されている者は、主の肩の間で安全だ」

（申命記三三・一二＊訳注・ＮＩＶよりの日本語訳）。

父よ、私はあなたにお願いします。どうか、彼をかついで運んでください。あなたは私たちの「救いの力」であられます（詩篇一四〇・七）。あなたは何ものよりも大きく偉大な方なので、私たちはあなたよりも大きな状況に立ち向かうことはありません。ですから、私はあなたをほめたたえます。

私は、モーセがイスラエルの民に言ったことを思い出します。「あなたの神、主が、人が自分の子を抱くようにあなたを抱いてくださったのを、あなたがたは見ているのだ」（申命記一・三一）。

父よ、私の息子は今、あなたに抱きかかえられる必要があるのです。

私は祈ります。彼が自分の限界に気づきますように、彼にはあなたが必要であることを認識しますように。

彼があなたの御前でへりくだることができますように助けてください。そして、あなたが彼を引き上げてくださいますように（ヤコブ四・一〇）。

彼が、あなたの「力は弱さのうちに完全に現れるからである」と、理解できますよう、助けてください（第二コリント一二・九）。

あなたがこう語るのを彼が聞きますように。「あなたがたが年をとっても、しらがになっても、私は背負う。わたしはそうしてきたのだ。なお、わたしは運ぼう。わたしは背負って、救い出そう」（イザヤ四六・四＊訳注・NIVよりの日本語訳）。

あなたは私を何度も何度も運んでくださいました。

私は、あなたがいつも私に希望を与えてくださったことを、そして、私がちょうど必要としているものを、ちょうど必要なその瞬間に、いつも与えてくださったことを感謝し、あなたをほめたたえます。

「力は神のもの」であり、「主よ　恵みもあなたのものです」から（詩篇六二・一一、一二）、あなたがこの祈りに答えてくださって、私の息子の人生に介入してくださることを感謝します。

私は祈ります。私の息子があなたと時を過ごしたいと望み、あなたを愛する者に与えてくださるあなたの慰めを知りますようにと。

私は、彼が、「私のたましいは黙って　ただ神を待ち望む。私の救いは神から来る」と言う、その日を楽しみにしています（詩篇六二・一）。

ちょうど、あなたが荒野であなたの民に、「わたしがあなたがたを鷲の翼に乗せ、わたしのもとに連れて来た」（出エジプト一九・四＊訳注・NIVよりの日本語訳）と言われたように、彼を、彼が

今いる荒野から連れ出し、彼にあなたの「御顔を仰ぎ見」させてください！（詩篇一七・一五）

私は、あなたが彼の「かしらを高く上げてくださる」（詩篇三・三＊訳注・『聖書 新改訳』〔第三版〕）日を楽しみにしています。

そして、そのすばらしい日、彼はここから永遠まで続く道を見ることでしょう！

第七日　あなたの御翼の陰で

あなたは私の助けでした。御翼《みつばさ》の陰で　私は喜び歌います。（詩篇六三・七）

主よ、あなたとともに過ごす時はなんとすばらしいことでしょう！

私と私の子どもへの、あなたの真実を感謝します。

父よ、ヤコブが言ったように、「私は、あなたがこのしもべに与えてくださった、すべての恵みとまことを受けるに値しない者です」（創世記三二・一〇）。

あなたはいつもそこにおられ、私たちを見守っておられるお方です（詩篇一二一・五）。

あなたは私たちに本当に良くしてくださいます。どうしてあなたをほめたたえずにいられましょう。

「わが神　主よ　私は心を尽くしてあなたに感謝し」ます（詩篇八六・一二）。

「私はほめたたえます。助言を下さる主を」（詩篇一六・七）

「私は　生きるかぎりあなたをほめたたえ」（詩篇六三・四）

「私は……いよいよ切に　あなたを賛美します」（詩篇七一・一四）

あなたは私に、困難な状況の中でも、あなたを賛美することができる恵みを与えてくださいますから、感謝します。

挑戦や困難がやって来たとき、私は「御翼の陰に身を避けます」（詩篇三六・七）。

あなたが与えてくださるときも、あなたが取られるときも、「主の御名はほむべきかな」（ヨブ一・二一）。

「なぜ　私はわざわいの日々に　恐れなければならないのか」（詩篇四九・五）

あなたは「信頼すべき神」です（申命記七・九）。

あなたに「賛美のいけにえ」をささげることができるように、私を助けてください（ヘブル一三・一五）。

あなたの「御翼の陰」よりも良い場所はありません。

あなたの「変わらない愛」よりも良い愛はありません（イザヤ五五・三）。

その日がどんなに困難であろうと、それはずっと続くわけではありませんから、私はあなたをほめたたえます。そして、「あなたは　私を諭して導き　後には栄光のうちに受け入れてくださいます」（詩篇七三・二四）。

私は、私が毎日あなたをほめたたえるようにと祈ります。なぜなら、あなたは毎日賛美されるにふさわしいお方だからです。

ダビデとともに、「私はあらゆるときに　主をほめたたえる。私の口には　いつも主への賛美がある」と言えるよう、私を助けてください（詩篇三四・一）。

あなたは「どんな場合にも、いつも、平安を与えて」くださいます（第二テサロニケ三・一六＊訳注・NIVよりの日本語訳）。

あなたは「私の力」（出エジプト一五・二）、「私の喜び、私の楽しみ」（詩篇四三・四＊訳注・NIVよりの日本語訳）、「私の主、私の神」（ヨハネ二〇・二八）であられます。

「私の主　神　わが救いの力よ」（詩篇一四〇・七）。

あなたのあわれみは「代々にわたって」及びますから（ルカ一・五〇）、私の娘もある日、私と同じようにあなたの愛を知って、あなたを避け所としますようにと祈り求めます。
そのとき、私は、「あなたがしてくださったことのゆえに、とこしえまでも、あなたに感謝します」（詩篇五二・九＊訳注・ＮＩＶよりの日本語訳）
そしてさらに、私は娘とともに、「あなたの御名を　とこしえにほめたたえます」（詩篇四四・八）。

第二週　親の祈りの力

さて、イエスに触れていただこうと、人々が子どもたちを連れて来た。ところが弟子たちは彼らを叱った。イエスはそれを見て、憤って弟子たちに言われた。「子どもたちを、わたしのところに来させなさい。邪魔してはいけません。神の国は、このような者たちのものなのです」（マルコ一〇・一三、一四）

放蕩の子を持つ親たちは、時として、欲しくもないアドバイスを受けることがあります。私の娘が十五歳で家出したとき、専門家が善意から、「彼女が顔から地面に落ちるように、そうして学ばせるために、彼女を行かせなさい」（訳注・痛い失敗の経験から学ばせるという英語的表現）と、アドバイスをしました。彼は続けてこう言いました。「結局は、子どもは失敗から学ばなくてはならない」と。

なかには、正しく聞こえるアドバイスもあります。私たちは親として教えようと試みますが、私たちが教えることができない、子どもたちが自分自身で学ばなくてはならないレッスンが確かにあります。しかし、その日、私たちは家出した娘を見つけだし、（彼女の意に反して）家に連れ戻しました。娘は、同じティーンエイジャーの家出少女と知り合いになっていました。その少女には、刑務所から出所したばかりの大人のボーイフレンドがいました。そして二人は、一緒に州外へ行こうと娘を誘っていたのでした。このとき、助言に従って娘を「顔から地面に落ちるように」させていたとしたら、それはとても危険なことでした。

放蕩息子や放蕩娘を持つことによってどんな問題にぶつかっているのか、他の親が本当に理解することは難しいでしょう。特に、彼らが自分の子どもたちのことで同じ道を通っていないなら、なおさらです。しかし、神は理解してくださいます。神は、世界中にいっぱいの放蕩の子どもたちを持つとはどういうことなのか、よくご存じです。そして主は、私たち自身が、私たちの息子や娘たちを、献身的で情熱的な祈りによって、主の御元に連れていくことを待っておられるのです。信じている親の愛と混ぜ合わされた祈りは、パワフルです。そして、その祈りがイエスの御手に置かれたとき、それはもう揺るがされることがありません。あなたが予期しないときに、障害がやってくるかもしれません。しかし、忍耐強い祈りによって必ず道は開かれます。私たちの神は、「打ち破る者」(ミカ二・一三)です。祝福を求めて子どもを御元に連れてきた親たちを叱った弟子たちに対し、イエスは、障害を作ったと、憤りました。主は「子どもたちを、わたしのところに来させなさい」と言われました(マルコ一〇・一三、一四)。この「憤って」という記述は、イエスの感情を表現する言葉として、新約聖書の他のどこにも使われていません。これは、子どもたちへの主の特別な情熱、そして、どれほど子どもたちを祝福したいと望んでおられるのかを示しています。

親はどんなことをしてでも、祈りによって放蕩の子どもをイエスの御元に連れていかなくてはなりません。主は、私たちの祈りを通して、私たち親子を祝福したいと望んでおられるからです。この世の見方では、「祝福された子」とは、幸せで良い子に育ち、すばらしいキャリアを持って「成功している子」です。しかし、たとえ「成功している」子でも、「放蕩の子」であり得ます。そして、彼らの親であるクリスチャンは、間違った安心感に陥らないように、注意深くある必要があります。神は私たちに、永遠の目的のために子どもを与えてくださいました。そして、親が子の救いのために祈る祈りほど、子どもに与えられる偉大な祝福や相続遺産はありません。

最も大切なことは、私たちが、子どもたちが御元に来るのを待ち望んでくださる救い主に恵まれているということです！　他人には言いたいことを言わせておきましょう。私たちには主の約束があります。そして、それだけが重要なのです。パリサイ人や律法学者たちがイエスに対してつぶやいたことを覚えていますか。「この人は罪人たちを受け入れて、一緒に食事をしている」(ルカ一五・二)。

主の心の中には、放蕩の子どもたちのための場所があります。特に、私たち親がわが子を祈りによって主の御元に連れていくときには、私たち、私たちの放蕩している子どもたちのための、特別な場所があるのです。

母の祈り！　ああ、母の甘い、祝福の祈り。
あの母のような母を持った子などいるだろうか。

二十五年間、私は母の祈りを聞いたことがなかった。

今夜、私は、母の二十五年間分の祈りをすべて聞いた。

——母の死後何年も経って、一八五七年〜五九年の祈りの会リバイバルの間に、キリストへと立ち返った男性の証し

第二週　親の祈りの力

第八日　子どもの行いの結果をあなたが変えることができないとき

王は顔をおおい、大声で、「わが子アブサロム。アブサロムよ。わが子よ、わが子よ」と叫んでいた。
（第二サムエル一九・四）

主よ、私は息子がまだ小さかった頃のことを思い出します。その頃、彼の問題を解決するのはとても簡単でした。膝のすり傷、なくしてしまったおもちゃ、自転車のタイヤのパンク、これらの問題は、私が解決できました。

ところが、今は違います。

彼は、私がなくなってほしいと思うような問題に直面しています。

しかし、それはすでに私の力では及ばないことです。

今、彼は、自分のしたことの結果に直面しなければなりません。

そして、それは、彼にとっても、私にとっても、簡単なことではありません。

ダビデが彼の息子の反逆に対してどのように感じたかを想像することは、私にはできません。

しかし、ダビデの言葉が私の思いの中にあります。「私に免じて、若者……をゆるやかに扱ってくれ」(第二サムエル一八・五)。

父よ、ダビデが彼の息子のために求めたことを、私も息子のために祈り求めます。

どうか、「若者をゆるやかに扱って」ください。

私はあなたに感謝します。私は、ダビデのように、これをただの人に頼んでいるのではありません。私はこれを、「そのあわれみ」が、「造られたすべてのものの上にある」お方に頼んでいるのです(詩篇一四五・九)。

あなたは「あわれみ豊か」であられ(エペソ二・四)、私の息子に対するあわれみを、主よ、私は感謝します。

彼が自分の行いに対する報いに直面しなければ、彼は学ぶことがないかもしれないと、私は知っています。

しかし、私は、彼が「人の手に陥る」よりも「主の手に陥る」ことを望みます。なぜなら、「主のあわれみは深いからです」(第二サムエル二四・一四)。

ですから、私は彼の状況を、あなたの御手の中にゆだねます。

そして、ただあなただけがおできになる方法で、彼を祝福してくださるように、祈り求めます。

あなたは私にこうおっしゃってくださいました。「天が地よりも高いように、わたしの道は、あなたがたの道よりも高く、わたしの思いは、あなたがたの思いよりも高い」(イザヤ五五・九)。

父よ、あなたは彼の問題を通して、一番良い道を見ておられます！

私はこれらのことから、他の方法からは決してもたらされることができなかった良いことを、あなたがもたらしてくださいますようにと祈ります。

主よ、私はあなたを愛し、あなたをほめたたえます。あなたは、あなたを「愛する者のためには、すべてのことを働かせて益としてくださいます」(ローマ八・二八＊訳注・NIVよりの日本語訳)。

私は、私の息子もあなたを愛するようになるようにと祈ります！

これらすべてのことを、彼の心をあなたに立ち返らせるために用いてください。それが、一番大切なことです。私は祈ります。彼が「いのちを得、またそれを豊かに持つ」ために、あなたの元へ行きますように（ヨハネ一〇・一〇＊訳注・『聖書 新改訳』（第三版））。

もし、彼がそれを持つならば、彼は彼に必要となるすべてを持っているのですから。

第九日　これらの涙の子

今でも、天には私の証人がおられます。私の保証人が、高い所に。私のとりなし主は私の友で、
私の目は神に向かって涙を流します。（ヨブ一六・一九、二〇＊訳注・二〇節のみＮＩＶよりの日本語訳）

「これらの涙の子が滅びることなどあり得ない[*1]」

何世紀も前に、ある一人の女性が自分の息子のために祈ったときに語られたこの言葉に、主よ、私も慰められます。

あなたは彼女の息子、アウグスティヌス[*2]を救ってくださっただけではなく、多くの者たちをあ

なたに導くために用いられました！

主イエスよ、私はあなたに感謝します。私の息子のために祈っているのは私だけではありません。あなたが天において「私たちのために、とりなしていてくださるのです」（ローマ八・三四）から、あなたをあがめます。

私はなんと祝福されているのでしょう。「私のとりなし主」が「私の友で」あるとは（ヨブ一六・二〇＊訳注・ＮＩＶよりの日本語訳）。

あなたは私の涙に心を留めてくださいます。あなたはそのすべてを見ておられます。それらは「あなたの書に記されて」います（詩篇五六・八）。

父よ、「これらの涙の子」には希望がありますから、感謝します。

あなたはみことばの中で、こう約束しておられます。「涙とともに種を蒔く者は　喜び叫びながら刈り取る」（詩篇一二六・五）。

私が息子のために祈るとき、彼の人生の中で「収穫を刈り取る」でしょうから、感謝します！

主イエスよ、あなたが「大きな叫び声と涙をもって祈りと願いをささげ、その敬虔のゆえに聞き入れられた」（ヘブル五・七）ように、私も情熱と献身をもって祈ることができるように、そして、「絶えず祈る」（第一テサロニケ五・一七）ことができるように、助けてください。

あなたが私に息子を与えてくださった理由の一つは、彼があなたを知る喜びを永遠に持つために、私が彼のために祈ることであると信じます。

彼のために祈ることは、私の人生の最も大きな目的の一つです。ですから、私はそれを見逃したくありません。何よりも、私は、彼にあなたを見逃してほしくないのです！

あなたが「恵み深く、あわれみ深い方」であること、そして、彼があなたに立ち返るなら、あなたが彼から御顔をそむけるようなことは決してなさらない方であることを、彼が理解できるように助けてください（第二歴代誌三〇・九）。

私は、彼があなたの豊かな「いつくしみと忍耐と寛容」を知りますようにと（ローマ二・四）、そして、「あなたの絶えることのない愛」（詩篇九〇・一四＊訳注・ＮＩＶよりの日本語訳）で満たされますようにと、祈ります。

「あなたの愛は永遠に絶えることがありません」（第一歴代誌一六・三四＊訳注・ＮＩＶよりの日本語訳）。あなたがお受けになるべきすべての愛を私たちがささげるには、私たちの永遠の人生を通してでも、時間が足りません。

あなたが「すべての顔から涙をぬぐい取って」（イザヤ二五・八）くださる日、「これらの涙の子」の顔からもそうしてくださる日のゆえに、私はあなたをほめたたえます！

そのとき、私たちは「もう泣くことはない」（イザヤ三〇・一九）でしょう。なぜなら、あなたが私たちの喜びとなられるからです。そして、私たちは、やがて来る時代も含め、すべての世代を通して、「諸国の民の王よ」（黙示録一五・三）、あなたを賛美します！

＊1　アウグスティヌス著『告白』三・一二より訳者訳。以下サイトにて観覧可能。
http://www.ccel.org/ccel/augustine/confess.iv.xii.html
なお、左記の日本語版の訳では「このような涙の子はけっして滅びることはない」
聖アウグスティヌス『告白　上』服部英次郎訳（岩波書店）第三巻十二章

＊2　神は、イエスを信じるように、多くの世代にわたってインスピレーションを与えるように、アウグスティヌスの信仰を用いられました。彼は、初代教会において最も影響力のある神学者となり、彼の影響は今日でもあります。アウグスティヌスの青年期から壮年期については、第十三週の「神のタイミング」を参照ください。

第十日　その子をわたしのところに連れて来なさい

イエスは答えて言われた。「ああ、不信仰な世だ。いつまであなたがたといっしょにいなければならないのでしょう。いつまであなたがたにがまんしていなければならないのでしょう。その子をわたしのところに連れて来なさい。」（マルコ九・一九＊訳注・『聖書 新改訳』〈第三版〉）

主よ、彼はここにおります。

これは私の息子です。彼はどうしようもなくあなたを必要としています。

私は彼をあなたの御元に連れていきます。彼のすべてを、彼の人生の中に起こっているすべてを。

彼の人生を修復したり、正したりすることは、私の力では及びません。あなたが彼に触れてくださって助けてくださるように、私はあなたに尋ね求めます！

昔、あなたが弟子たちに、「その子をわたしのところに連れて来なさい」と言われたとき、その子の人生に偉大な祝福の御業を始められました。

暗闇は逃げ去りました。それはあなたの臨在の元には立ちおおせられませんでした。ですから、私は今日、再び、私の息子を「あなたの御顔の光の中」（詩篇八九・一五）に連れていきます。

私はあなたが弟子たちに言われたことを思い出します。

その子は、「祈りによらなければ」解放されませんでした（マルコ九・二九）。

弟子たちは考えられるすべてのことを試みましたが、自分たちの力でどんなに頑張っても、彼らには何の変化をもたらすことも「できませんでした」（マルコ九・一八）。

あなたは彼らの不信仰をおしかりになり、こう言われました。「信じる者には、どんなことでもできるのです」（マルコ九・二三）。

真実な、信仰を持った祈りでもって、息子をあなたの御元に連れて行くことがどんなに必要であるかを、私は理解し始めてきました。

あなただけがおできになる変革を、彼は必要としています。

その父親が、幸せで、健康で、力強く立ち上がった息子とともに歩いていったとき、どれほどすばらしく感じたことでしょう。

彼はその息子をあなたの御元に連れて行き、あなたはその子を解放してくださいました！

主イエスよ、私は、私の息子の人生においても、同じように、その日を楽しみにしています。彼があなたに出会い、あなたの愛によって変えられる日を。彼が、「暗やみの圧制から救い出」され、「御子のご支配の中に」導き入れられる、その日を（コロサイ一・一三＊訳注・『聖書 新改訳』〈第三版〉）。

それはなんとすばらしい日となるでしょう！

「喜びが天にあり」（ルカ一五・七）、もし私がまだ地上にいたならば、この地上でも喜びがあるでしょう！

私は、信仰によって、その日がやって来るのを見ます。そして、その日が早くやって来るようにと祈ります。

私は、あなたが私の息子を救ってくださると信じます。そして、何ものもあなたの御前に立ちはだかることはない、と信じます！

私は、「夜が明けて、（私の息子の心の中に）明けの明星が昇る」、その瞬間を楽しみにしています（第二ペテロ一・一九）。

主よ、どうかお願いです。その日は今日でしょうか。

第十一日　あなたが持っておられるご計画

わたし自身、あなたがたのために立てている計画をよく知っている――主のことば――。それはわざわいではなく平安を与える計画であり、あなたがたに将来と希望を与えるためのものだ。

(エレミヤ二九・一一)

主よ、私は私の子に対し、私の計画ではなくて、あなたのご計画を望みます。

私の計画には、まだあまりにも多くこの世のものがあります。この学校、あのキャリア、あの成功など……。

父よ、私が、「神のことを思わないで、人のことを思っている」（マルコ八・三三）ことがあまりにも多くあったことを、赦してください。

父よ、私の目をもっと永遠に続く視点へと引き上げてくださいますように、お願いします。

私の子へのあなたのご計画に、私は息をのむことでしょう！

「神よ、あなたの御思《みおも》いは、私にとってなんと尊いことでしょう」（詩篇一三九・一七＊訳注・NIVよりの日本語訳）。

あなたの御思いは、「あまりにも不思議で私には知り得ません」（ヨブ四二・三＊訳注・NIVよりの日本語訳）。

私の子に対するあなたのご計画はパーフェクトで、私の視点で見られる範囲をはるかに越えています。

私の娘の人生に、父よ、「あなたのみこころがなりますように」（マタイ六・一〇＊訳注・NIVよりの日本語訳）。

今日、私は、私の娘のために、永遠のことを祈り求めます。

彼女があなたの「心にかなう」者（第一サムエル一三・一四）となりますように、彼女の心がこの世の道や「高ぶる者に向かず、主に信頼する者」（詩篇四〇・四＊訳注・NIVよりの日本語訳）

となりますように、私は願い求めます。

彼女が「主にかなった歩みをして、あらゆる点で主に喜ばれ、あらゆる善行のうちに実を結び」、あなたのすべてを「知る知識を増し加えられますように」、あなたの「栄光ある権能に従い、あらゆる力をもって強くされ」ますように、私は祈ります（コロサイ一・一〇、一一＊訳注・『聖書 新改訳』〔第三版〕）。

「あなたの書物にすべてが書き記されました。（彼女）のために作られた日々が　しかも　その一日もないうちに」（詩篇一三九・一六）とあるように、あなたが彼女の人生において、この反抗のシーズンさえも永遠の目的のために用いてくださいますようにと祈ります。

彼女が「迷いの道から」（ヤコブ五・二〇）立ち返ったら、「多くの者を義に導」く（ダニエル一二・三）者となるように、祈ります。

主よ、「あなたには、すべてができ」ます！　「あなたは、どんな計画も成し遂げられ」ます（ヨブ四二・二＊訳注・『聖書 新改訳』〔第三版〕）。

「万物はあなたの中に保たれています」（コロサイ一・一七＊訳注・ＮＩＶよりの日本語訳）から、彼女が壊れ崩れかけているように見えるときも、あなたが彼女をしっかりとつかんでいてくださいますようにと祈ります。

彼女が、自分の人生に対するあなたのご計画と目的を発見しますように、そしてそのためにあなたを愛しますように、助けてください！

私はあなたに祈ります。あなたが私の娘の人生を祝福して繁栄させてくださいますように。この世だけではなく、特に、この先に来る世において。

あなたが彼女の希望であり、将来でありますように（エレミヤ二九・一一）。なぜなら、あなたは「すべてのことにおいて第一の者となられた」からです！（コロサイ一・一八）

第十二日　回復させせられる（再び生き返らせせられる）

彼が神に祈ると、彼は受け入れられる。彼は喜びをもって御顔を見、彼は神によって正しい義の状態へと回復させられる（再び生き返らせられる）。（ヨブ三三・二六＊訳注・ＮＩＶよりの日本語訳）

「彼が神に祈ると、彼は受け入れられる。彼は喜びをもって御顔を見、彼は……回復させせられる（再び生き返らせられる）」

このみことばに、私は自分の息子を見ることができます！　これこそ、私が息子のために望んでいることです！　あなたが与えてくださるような喜びは、他にはありません。

あなたとの正しい関係に戻される（回復させられる）ことほど良いことは、他にはありません。

私は、息子が「憂いの心の代わりに賛美の外套を」着るのを見たいです。

私は、彼が「義の樫《かし》の木、栄光を現す、主の植木」として、あなたにあって堅く立つのを見たいです（イザヤ六一・三）。

今、樫の木は冬を迎えているのかもしれません。それで、多くの部分が枯れてしまっているかのように見えます。

しかし、春はやってきます！　私は祈ります。彼が心をあなたに向け、あなたの「恵みと知識において成長」しますようにと（第二ペテロ三・一八）。

あなたは私にこの子を与えてくださいました。それは、彼があなたを信じるように、私が彼を育てることができるようにです。

あなたは私の体から彼をもたらし、彼を私の腕に置かれました。それは、彼があなたを知り、あなたを愛するように、私が彼のために祈ることができるようにです。

私は彼が生まれる前から、彼のために祈っていました。そして、私は彼のために祈ることを「あきらめません（失望しません）」（ガラテヤ六・九）。

今日、私は、「見えるものによらず、信仰によって歩んでいます」（第二コリント五・七）。そして、彼があなたに立ち返るのを待っています。

私は、「生ける者の地で主のいつくしみを見る」と確信しています。

私は、「雄々しく」、「心を強く」し、「主を待ち望み」ます（詩篇二七・一三、一四）。

季節は変わります！　そして、この子の季節は必ず変わります。暗闇は過ぎ去ります。

私は、あなたの約束に立ちます。「主こそ神。主は私たちに光を与えられた」（詩篇一一八・二七）。

「光を放ってください」（詩篇八〇・一）父よ！

あなたの光が、彼の人生の暗闇に打ち勝つようにしてください！

「神にはどんなことでもできるのです」（マルコ一〇・二七）

「万軍の神　主よ　私たちを元に戻し　御顔を照り輝かせてください。そうすれば　私たちは救われます」（詩篇八〇・一九）

私は信仰によって、あなたが息子の上に御顔を照り輝かせてくださって、息子があなたを見上げ、彼の顔が喜びで光り輝いているのを見ます。

父よ、「とこしえの喜び」（イザヤ六一・七）が私たちのものとなりますように！　彼にとって、私にとって、そしてあなたにとって！　あなたに栄光が、今も、そして、永遠にありますように！

第十二日　回復させられる（再び生き返らせられる）

第十三日　祈りによる変化

義人の祈りは働くと、大きな力があります。（ヤコブ五・一六＊訳注・『聖書 新改訳』（第三版））

父よ、私は祈りの特権ゆえに、あなたを賛美します！

あなたは私の祈りに何度も、本当に多くの方法で答えてくださいました！

その答えが、その当時私が待ち望んでいた答えではなかったときも、あなたは私に、あなたが「心に知恵のある方」（ヨブ九・四）であることを、繰り返して見せてくださいました。

イエスのゆえに、私が「あわれみを受け、また恵みをいただいて、折りにかなった助けを受けるために、大胆に恵みの御座に近づく」ことができることを感謝します（ヘブル四・一六）。

私が祈りによって御座に近づく特権を獲得したのではありません。私はとてもそれに値しない者です。ただ、あなたがいつくしみ深く良い方であられるので、私にそうさせてくださるのです。

あなたはみことばの中で、「義人の祈りは働くと、大きな力があります」と、おっしゃっています。これは、私の祈りも含まれるという意味です。なぜなら、あなたが私のためにしてくださったことによってです。

イエスは、私にとって「義と聖と贖《あがな》いになられました」（第一コリント一・三〇）。それゆえに、私はあなたに感謝してもしきれません！

ですから、父よ、私はまた、「キリスト・イエスは罪人を救うために世に来られた」（第一テモテ一・一五）と、あなたに感謝をささげ、私の娘を助けてくださいと、あなたに祈り求めます。

私の祈りが変化をもたらすことができますから、あなたに感謝します。あなたは祈りに答えてくださいます。あなたは、私たちの祈りを通して働かれることを選ばれます。

あなたは、「求める者たちに、良いものを与えてくださる」（マタイ七・一一）と約束してくださっています。父よ、私の不信仰を、たとえ祈ったとしても本当にかかわりがあるのだろうかと疑ったときがあることを、お赦しください。

あなたが祈りに答えてくださらないわけがありません。

あなたは、「あわれみ深く、情け深い神。怒るのに遅く、恵みとまことに富み、恵みを千代も保ち、咎《とが》と背きと罪を赦す」お方です（出エジプト三四・六、七）。

あなたは、私の放蕩の子のために「私が呼ぶとき」、「聞いてくださる」（詩篇四・三）ので、私はあなたをほめたたえます。

あなたは、私の「望み」、私の「拠り所」です（詩篇七一・五）。

私はあなたをほめたたえます。私の祈りは歴史も変えることができます。なぜなら、あなたには、「どんなことでもできるからです」（マルコ一〇・二七）。

ですから、父よ、私の娘がここにおります。あなたが私を祝福し、与えてくださった子です。あなたの手によって造られた、あなたの心から贈られたギフトです。

私は、あなたが彼女を、完全に、すべての考えられる道において、救ってくださるようにと祈ります！

そして、私はあなたに感謝し、あなたをほめたたえます。あなたは「私たちが願うところ、思うところのすべてをはるかに超えて行うことのできる方」（エペソ三・二〇）であり、「大いなる」「力強く、恐るべき」神（ネヘミヤ九・三二）であられます！

第十三日　祈りによる変化

第十四日　もし、彼女が目覚める前に、私が死ななくてはならないのなら
（私は主に、彼女の魂を持っていけますようにと祈ります）

これらの人たちはみな、信仰の人として死にました。約束のものを手に入れることはありませんでしたが、はるか遠くにそれを見て喜び迎え（ていたのです。）

（ヘブル一一・一三）


父よ、私は、娘があなたの御元に帰るのを、本当に見たいです。

でも、もしそれが私のこの世の人生よりも長くかかるとしたら、どうでしょう。

それでも、私は信仰によって生きます。そして、私の祈りへのあなたの答えを、「はるか遠く

に見て喜び迎え」ます。

父よ、あなたが祈りをなんと喜んでくださることかと、私は驚いています。

あなたは私たちの祈りを、立ち上がる香のように、「金の鉢」（黙示録五・八）の中に保ってくださっています。

あなたが私たちの祈りを、あなたの心の中に留めておいてくださるので、私たちのこの地上での人生を越えた年月をも、あなたは付け加えることがおできになります。

あなたはなんとすばらしいのでしょう！

私はまた、信仰によって、私の大切な娘のために、あなたの御前に来ています。

たとえ彼女が、私がこの地上にいる間にあなたの御元に来なかったとしても、彼女の救いのための私の祈りに答え、あなたが働いてくださっていますことを、私は感謝します。

主よ、私は、彼女の魂があなたに目覚めるのを見たいと熱望しています！「豊かないのち」（ヨハネ一〇・一〇）へと、「永遠のいのち」（ヨハネ三・一五）へと、そして、それは、「ただ」で与えられるのです！（黙示録二二・一七）

私はあなたのみことばを思い起こします。「眠っている人よ、起きよ。死者の中から起き上がれ。そうすれば、キリストがあなたを照らされる」（エペソ五・一四）。

主よ、彼女の上に照り輝いてください！　彼女に「キリストの御顔にある神の栄光を知る知識」（第二コリント四・六）を与えるために、あなたの光を彼女の心に照り輝かせてください。

主よ、あなたがヤイロの娘に語られたように（ルカ八・五四）、彼女に生きるように語ってください。

いつか死で終わってしまういのちではなく、「決して死ぬことがない」（ヨハネ一一・二六）いのちへと！

罪の報酬から、「神を愛する者たちに」あなたが「備えてくださった」（第一コリント二・九）王国へと、彼女を呼び出してください。

もし、彼女が目覚める前に、私が死ななくてはならないのなら、天で、あなたが彼女に、「よくやった。良い忠実なしもべだ。……主人の喜びをともに喜んでくれ」（マタイ二五・二三）と言われるときに、どうか私を近くに立たせてください。

おお、主イエスよ、彼女が人生を、あなたの栄光がほめたたえられるために生きますように！（エペソ一・一二）

これが私の祈りです。そして、私はこの祈りを、信仰と、希望と、愛をもってささげます。なぜなら、「私は知っている。私を贖《あがな》う方は生きておられ」るからです（ヨブ一九・二五）。

父よ、私は、彼女もこのことを知るようにと祈ります。

そして、私は、あなたに感謝し、あなたをほめたたえます。この祈りは生きながらえます。なぜなら、あなたが永遠に生きておられるからです！

第三週　神が望んでおられることを望む

そのとき、ゼベダイの息子たちの母が、息子たちと一緒にイエスところに来てひれ伏し、何かを願おうとした。（マタイ二〇・二〇）

子どものために何を望むかと尋ねられたら、ほとんどの親は「良いものを」と答えるでしょう。成功したキャリア、幸せな家庭、健康、自分たちが経験したハードな人生よりは楽な人生……。

しかし、神は何を望んでおられるでしょう。

時として、私たちはその質問をもっと真剣に考えるべきなのに、そうしません。当然のように、神もまた自分と同じ「良いもの」を望まれると考え、子どもに対する自分の夢が、神と同じであると思い込んでしまいます。

ヤコブとヨハネ（ゼベダイの子たち）の母もそうでした。マタイは、「ゼベダイの息子たちの母が、息子たちと一緒にイエスのところに来てひれ伏し、何かを願おうとした」と記しています。イエスが何を望むのかと尋ねると、彼女はこう答えました。「私のこの二人の息子があなたの御国で、一人はあなたの右に、一人は左に座れるように、おことばを下さい」（マタイ二〇・二一）。

そう願うのは当然のことでした。イエスはこの息子たちを「雷の子」と呼びました（マルコ三・一七）。彼らは野心家で、神の国と将来のために壮大な計画を持っていました。そして、もし誰かが彼らの邪魔をしたならば、ちょうどサマリアの村がイエスを迎え入れなかったときのように、二人は「天から火を下して、彼らを焼き滅ぼし」たいと望んだのです（ルカ九・五四）。

もし誰かがイエスの側近として「背後に着く」としたら、それは「雷の子たち」でした。しかし、二人の母がその願いをイエスに言うと、イエスはこう答えました。「あなたがたは自分が何を求めているのか分かっていません」（マタイ二〇・二二）。

私はこの母親を責めたくはありません。私は子どもたちが母を駆り立てたのではないかと少し疑っています。もちろん「雷の子たち」は母を止めることはできたでしょう。しかし、彼らはそうしませんでした。そして、イエスが答えられたとき、イエスは母にではなく、直接息子たちに答えました。マタイがこう言っていることに注目してください。「ほかの十人はこれを聞いて、この二人の兄弟に腹を立てた」（マタイ二〇・二四＊注・傍点筆者）。ここでは、母については触れられていません。

しかし、それでも、母は願いました。おそらく彼女は、息子たちの策略に引きずり込まれたのでしょう。放蕩の子の親ならば、それがいとも簡単に起こり得ることを知っています。彼女の行動は、他の良い親と同様に、どれほど自分の子を信じ、愛しているのかを表しています。しかし、母とイエスとの会話は、非常に重要な問いを私たちに投げかけています。果たして、神が望んでおられることと同じことを私は自分の子どもに望んでいるのか、という問いです。

私は気をつけていないと、成功した将来とは、すなわち「正しい」学校、「正しい」専攻、「正しい」キャリアへの道、「正しい」配偶者であるという、この世の考え方に巻き込まれてしまいます。それはそれで良いものですが、永遠の観点から見たとき、あまりにも短絡的な見方すぎます。「人は、たとえ全世界を手に入れても、自分のいのちを失ったら、何の益があるでしょうか」（マルコ八・三六）。もしわが子が、この世的には良く見える成功者だったとしても、永遠に神から引き離されてしまう異邦人であるとしたら、いったいその先にはどんな未来があるのでしょう。神と正しい関係になることほど重要なことはありません。もしも私が子どもたちの将来を、これ以下のことに焦点をあてて形作ろうとするなら、親として大きく的を外しています。しかし、神の望まれることに焦点をあてるならば、そこに希望があります。

あなたが放蕩の子の親であるならば、子どもの将来に対して、二番目に良いもので良しとしなければならないと感じるかもしれません。もしかしたら、同年代の子と比べて、「点数を付けている」のかもしれません。そして、わが子が遅れていると感じているのかもしれません。それとも、あなたの計画どおりにいかないために、新しい計画を立て直そうと躍起になっているのかもしれません。神はかつて、神の民に約束されました。「わたし自身、あなたがたのために立てている計画をよく知っている――主のことば――。それはわざわいではなく平安を与える計画であり、あなたがたに将来と希望を与えるためのものだ」（エレミヤ二九・一一）。そして、神は、そのみこころを変えてはおられません。

神が約束しておられる将来は、この世の人生のスパンに限られません。神はこの世において子どもたちのためにドアを開かれるだけでなく、天国のドアを開くことのできるお方です。

私たちの祈りは、「父よ、私の子のためにあなたが望んでおられることを私が望むように助けてください。私の子が何よりもあなたを愛するように助けてください！」であるべきです。

その祈りが答えられるとき、あなたの息子や娘は、真実の幸せを味わい、人生に必要なすべてを得ることになります。この地上の束の間の時間のためだけではなく、永遠に続く日々のためにです。なぜなら、「目が見たことのないもの、耳が聞いたことのないもの、人の心に思い浮かんだことがないものを、神は、神を愛する者たちに備えてくださった」からです（第一コリント二・九）。

あなたが自分の所有物を喜んで譲り渡すとき、
それらは一番安全である。
あなたが自分の持っているすべてを神の御手に置くとき、
あなたは一番豊かである。
——チャールス・ハドソン・スポルジョン

第三週　神が望んでおられることを望む

第十五日　開かれたドア

神は、ダニエルが宦官《かんがん》の長の前に恵みとあわれみを受けられるようにされた。（ダニエル一・九）

父よ、私の息子のいくつかの選択は、彼の将来に影響を与えました。機会を失ったり、入学を拒否されたり。もし彼が、あなたが与えてくださった賜物を適切に用いていたならば、そのようにドアが閉じられることはなかったでしょう。でも、これは、彼が人生最大の機会を失ってしまったというわけではありません。主よ、あなたがその機会であられます。そして、あなたは彼のために、新しい機会を作り出すことがおできになります。

息子があなたの御手の働きを求め、あなたが彼のためにできることを求めるよりも、私は、彼があなたのみこころを求めることを望みます。

私は、彼があなたのすべてを見失ってしまわないようにと、祈ります。

あなたと、そして、あなたとの愛の関係の美しさに比べたら、この世が与えることができるものは、すべて色あせます。

「天も、天の天も、あなたをお入れすることはできません」（第一列王記八・二七）

私はあなたにお願いします。どうか彼が、魂の深いところで、「人はみな、盛んな時でも、全くむなしいもの」（詩篇三九・五＊訳注・『聖書 新改訳』〈第三版〉）であると理解できるよう、恵みを与えてください。

あなたは、「わたしがあなたとともにいて、あなたを救い、あなたを助け出すからだ」と約束してくださいました（エレミヤ一五・二〇）。

私は、彼がこの約束を心に留めるようにと祈ります。

しかし、主よ、私はまた、彼のこの地上での将来も助けてくださいますようにと、祈ります。

あなたが、息子が自分の「足の道筋に心を配る」よう助けてくださいますように、「堅い道だ

け を 選び歩む」よう助けてくださいますように、と祈ります（箴言四・二六＊訳注・ＮＩＶよりの日本語訳）。

ダニエルが彼の民とともに、自分の国ではない他国において異国人であったとき、あなたがダニエルに好意を持って良くしてくださったように、あなたが私の息子に知恵を与え、彼があなたに従うようように、あなたに好意を持っていただけるようにと、願います。

すべての障害にもかかわらず、あなたが「ヨセフとともにおられたので、彼は幸福な人と」なったように、私は、息子が仕事において祝福されるようにと祈ります（創世記三九・二＊訳注・『聖書 新改訳』〔第三版〕）。

父よ、あなただけに、これがおできになります。そして、私は、あなたがおできになる方であることをほめたたえます！

彼の雇用者が、門番が、彼に好意を持つようにしてください。そうして、息子が、あなたの御手が働いておられるのだと分かるようにしてください。そして、そのことを感謝します。

彼があなたの元に帰ってくるように、彼にドアを開いてください。そうして、彼が、「主に信頼し、主を頼みとする者に、祝福がある」と分かるようにしてください（エレミヤ一七・七＊訳注・『聖書 新改訳』〔第三版〕）。

父よ、私の息子を祝福してください！

「将来への希望」で満たしてください（箴言二三・一八＊訳注・NIVよりの日本語訳）。

「あなたの救いを慕う」よう祝福してください（詩篇一一九・八一）。

あなたご自身で祝福してください！

第十六日　脱出の道

あなたがたが経験した試練はみな、人の知らないものではありません。神は真実な方です。あなたがたを耐えられない試練にあわせることはなさいません。むしろ、耐えられるように、試練とともに脱出の道も備えていてくださいます。(第一コリント一〇・一三)

主よ、彼女は最近、あまりにも危ない状況に何度も陥りました。

誘惑の熱い息が近づき、彼女の首に吐きかけていきます。

彼女は自分の意志で意識的にその状況へと歩いていきました。あなたが別の道へと導こうとされているのを知っていながら。

彼女の足は「すべるばかり」でした（詩篇七三・二＊訳注・『聖書 新改訳』〈第三版〉）。

私はあなたに祈ります。どうか、あなたの「力が（彼女を）おおい」ますように（第二コリント一二・九）、そうして、彼女があなたの「喜ぶことを選ぶ」ことができますように（イザヤ五六・四）。

主イエスよ、あなたが彼女にあなたの力を与えてくださいますようにと、そうして、彼女が、このチャレンジングなときに、堅く立つために必要なすべてを持つことができますようにと、私は祈ります（第二コリント九・八）。

あなたが理解しない誘惑に彼女が直面することがないことを感謝します。なぜなら、あなたは「罪は犯されませんでしたが、すべての点で、私たちと同じように、試みに会われたのです」から（ヘブル四・一五＊訳注・『聖書 新改訳』〈第三版〉）。

あなたが、あらゆる面で「私たちの弱さに同情」できる方であることを、私はほめたたえます！（ヘブル四・一五）

父よ、娘が「耐えられない試練にあわせることはなさいません」という、あなたのこの約束を、私はどんなに感謝してもしきれません（第一コリント一〇・一三）。

主よ、彼女に脱出の道を示してください！　彼女が見過ごすことができないほど大きな標識で記してください！　それよりも、その横に立って、彼女の名前を呼んでください。「だれがこの死のからだから、（彼女を）救い出してくれるのでしょうか」（ローマ七・二四）

主イエスよ、あなたが救い出してくださいます！　そして、それゆえ、私はあなたを愛しています。

主よ、あなたが脱出の道です！

あなたは「道であり、真理であり、いのちなのです」（ヨハネ一四・六）。

あなたが彼女に必要な「生ける望み」です！（第一ペテロ一・三）。

彼女が「悪魔に立ち向かう」ことができるように、そうして「悪魔が（彼女から）逃げ去る」ように、助けてください（ヤコブ四・七＊訳注・『聖書 新改訳』〈第三版〉）。

彼女の信仰を生き返らせてください、父よ、そして、彼女を「堅く立たせ、強くし、不動の者としてください」（第一ペテロ五・一〇）。

あなたが常に真実であり続けてくださいますから、私はあなたをほめたたえます！

娘と私に対するあなたの愛は、決して絶えることがありませんから、私はあなたをほめたたえます！

あなたの「救いはとこしえに続き」、あなたの「義は絶えることが」ありません！（イザヤ五一・六）

私は今日、私に関しても、娘に関しても、私の信頼をあなたに置きます。そして、あなたの恵みが、彼女を誘惑と罪から解放して自由にしてくださいますようにと、私は祈り求めます。

第十七日　目を開けるために

また、あなたがたの心の目がはっきり見えるようになって、神の召しにより与えられる望みがどのようなものか、聖徒たちが受け継ぐものがどれほど栄光に富んだものか、また、神の大能の力の働きによって私たち信じる者に働く神のすぐれた力が、どれほど偉大なものであるかを、知ることができますように。（エペソ一・一八、一九）

父よ、息子は物事を新しい見方で見る必要があります。

彼には、人生に対する新しくて永遠に続く視点が必要です。そして、あなただけが、彼にそれを与えることがおできになります。

父よ、私は祈ります。彼の「目がはっきり見えるようになって」、あなただけからくる「望みがどのようなものか、知ることができますように」。

彼が望みを知りますように、あなたを知りますように！

彼があなたに信頼するとき、「望みの神」であられるあなたが、「すべての喜びと平和」で彼を満たし、「聖霊の力によって望みにあふれさせてくださいますように」（ローマ一五・一三＊訳注・『聖書 新改訳』（第三版））と、祈ります。

主よ、彼を人生の中で新しい場所へと導き入れてください！　彼が「望みを抱いて喜び、患難に耐え、ひたすら祈」る場所へと（ローマ一二・一二）。

彼があなたに立ち返ったとき、なんというすばらしい将来が彼に用意されていることでしょう！

主イエスよ、あなたは、「からだのあかりは目です。ですから、あなたの目が健やかなら全身が明るくなります」と言われました（マタイ六・二二）。

私は、彼の目からあなたが輝き出てくることを待ち望みます！

私は、彼の口からあなたのことばが出てくることを、そして、彼の心と手の働きから、あなたが動いておられるのを見ることを待ち望みます。

それこそが、彼が生まれてきた理由です。あなたを知って、あなたを愛することが。あなたは「この目的のために私たちを造られました」(第二コリント五・五*訳注・NIVよりの日本語訳)。

私は、彼の心の思いが霊において「新しくされ」、「真理に基づく義と聖をもって、神にかたどり造られた新しい人を着る」ようにと祈ります(エペソ四・二三、二四)。

私たちはあなたの「作品であって、良い行いをするためにキリスト・イエスにあって造られたのであって、あなたが「私たちが良い行いに歩むように、その良い行いをもあらかじめ備えてくださった」のだと、彼が理解できるように助けてください(エペソ二・一〇)。

主よ、彼の将来は、あなたにあって大きく開かれています!

あなたは将来を、あなたの御手の中に握っておられます。そして、すべての祝福もともに握っておられます。

「どんな知恵も英知も、はかりごとも、主の前では無きに等しい」(箴言二一・三〇)ので、もし彼があなたの側にいるならば、彼に必要となるすべてを持っているのだと、彼が理解できるよう助けてください。

悪魔が彼を傷つけようとして用いたもののすべてが無となります。なぜなら、「神の御子が現れ」

たのは、「悪魔のわざを打ち破るため」ですから（第一ヨハネ三・八）。

「どうか、彼の目を開いて、見えるようにしてください」（第二列王記六・一七）

そして、今日、あなたに従っていくように選び取りますように！

第十八日　父よ、お赦しください

「どくろ」と呼ばれている場所に来ると、そこで彼らはイエスを十字架につけた。また犯罪人たちを、一人は右に、もう一人は左に十字架につけた。そのとき、イエスはこう言われた。「父よ、彼らをお赦しください。彼らは、自分が何をしているのかが分かっていないのです。」(ルカ二三・三三、三四)

主よ、あなた以上に赦しに富んだお方はいません。あなたは、本当に驚くべきお方です！　私たちの残酷な手によってすべての苦しみを味わわれた後で、あなたは、私たちがあなたを虐待し拷問したことさえも赦してくださいました。

何ものも、あなたの愛と比べることはできません。あなたの愛に近いものは何もありません。もっと驚くべきことは、あなたが私たちに近づいて来てくださったことです！

あなたは私たちの近くに来られ、あなたが私たちをどんなに愛してくださっておられるのかを示してくださいました。

あなたは私たちを「罪と死の律法から」解放するために死んでくださり、私たちにいのちを得させるためによみがえってくださいました（ローマ八・二）。

そして、あなたが死んでいかれるとき、あなたはご自身を殺そうとしている者たちのために御父にとりなして祈ってくださいました。

彼らは、本当に、自分で何をしているのか分かっていなかったのですね。

もし彼らが分かっていたならば、「栄光の主を十字架につけはしなかったでしょう」（第一コリント二・八）。

主イエスよ、あなたのあわれみを感謝します。「私はそれを受けるに値しない者です」（ルカ七・六＊訳注・ＮＩＶよりの日本語訳）。

そして、それゆえに、私はあなたをほめたたえます。

あなたの愛にはものすごい慰めがあります。ものすごい「優しさと、深くあふれる熱い愛情（あわれみ）」があります（ピリピ二・一＊訳注・NIVよりの日本語訳）。

あなたは愛の心をもって、私たちを慕っておられます（ピリピ一・八）。

そして、私の娘は、今、あなたのあわれみと深くあふれる愛を、本当に必要としています。

娘は若く、自分の行動に対して受ける報いを分かっていません。

もし彼女が、あなたがどんなにすばらしいのか、そのわずかでも分かっていれば、あなたを愛さずにはいられないでしょうに！

父よ、彼女をお赦しください。彼女は、何をしているのか自分で分かっていないのです（ルカ二三・三四）。

彼女が自分であなたに赦しを求めなくてはならないと、私は知っています。そして、私は、彼女がそうするように祈ります！

私は、「聖霊によるのでなければ、だれも、『イエスは主です』と言うことはできません」（第一コリント一二・三）と知っています。

ですから、あなたの御霊が、彼女の心にあなたの「光を輝かして」くださいますように（第二コリント四・六）、そして、あなたがどのようなお方であるのかを理解させてくださいますようにと、祈り求めます。

主イエスよ、娘の目を開いてください。そして、彼女に「平和の道」（イザヤ五九・八）を示してください。

やがてある日、「私たちはみな、……キリストのさばきの座の前に現れ」なくてはなりません（第二コリント五・一〇）。ですから、私は、彼女に準備ができているようにと祈ります！

私が自分にできるすべてを尽くして彼女を助けることができるように、私を助けてください。

私も「かつては神に不従順でしたが、今は……あわれみを受けています。それと同じように」（ローマ一一・三〇、三一）、「あなたのあわれみが速やかに（彼女を）迎えるようにしてください」！（詩篇七九・八）

そのとき、私たちはともに、他の者もあなたのあわれみを知るように、あなたが私たちに「どんなに大きなことをしてくださったか、どんなにあわれんでくださったか」（マルコ五・一九）を、語り知らせるでしょう！

第十九日　再びチャンスを与えてくださる神

彼らが食事を済ませたとき、イエスはシモン・ペテロに言われた。「ヨハネの子シモン。あなたは、この人たちが愛する以上に、わたしを愛していますか。」ペテロは答えた。「はい、主よ。私があなたを愛していることは、あなたがご存じです。」イエスは彼に言われた。「わたしの子羊を飼いなさい。」（ヨハネ二一・一五）

主よ、私はあなたがペテロになされたことが大好きです。彼があなたを三度否定した後で（マタイ二六・三四）、それでも、あなたは彼を赦し、再びチャンスを与えてくださいました。

主よ、あなたのあわれみを感謝します！　あなたは再度のチャンスをペテロに与えただけでなく、私にも与えてくださいました。そして、あなたは私に何度もチャンスを与え続けてくださっています。あなたは私を何度も何度も赦してくださいます。

私の息子も、主よ、あなたの赦しが必要です。彼には、あなただけが与えることができるチャンスが再び必要です。あなたは、「あなたがたは新しく生まれなければならない」（ヨハネ三・七）と言われました。そして、私は、彼が新しく生まれるように祈ります。

彼の「召しと選びを確かなものと」してください（第二ペテロ一・一〇）。彼の思いの中で、あなたが彼を救ってくださって、「聖《きよ》いいのち」へと召してくださったこと、そして、それが「私たちの働きによるのではなく」、あなたの「計画と恵みによるので」あることを、疑いないものにしてください（第二テモテ一・九）。

父よ、私はあなたをほめたたえます。あなたは「すべての人が救われて、真理を知るようになることを望んでおられます」（第一テモテ二・四）。

これには、私の息子も含まれます！

私はあなたに感謝します。あなたは彼が救われるのを望んでおられます。そして、私の心に、彼のために祈りたいという思いを与えてくださいました。

あなたがペテロに与えてくださったように、私の息子にも再びチャンスを与えてくださるように、私は祈ります。

私はあなたに、「収穫の主」に、私の息子のいのちの「収穫のために働き手」を送ってくださるように祈り求めます（マタイ九・三八）。

息子が行くところどこにおいても、あなたの民と出会うようにしてください。そして、彼らが、息子が見逃すことができない方法で、あなたの愛を分かち合うようにしてください。

あなたの民を通して、あなたが彼に語られるのを体験するとき、彼の心が「内で燃え」るようにしてください（ルカ二四・三二）。

そして、彼の目を開いてください。そうして、彼があなたを認識し、彼の心を再びあなたに立ち返らせますように。

主イエスよ、あなたはこう約束してくださいました。「わたしのもとに来る者を、わたしは決して外に追い出したりはしません」（ヨハネ六・三七）。

私は祈ります。彼が今日、あなたのところに来ますように！

第二十日　新しいあわれみ！

私たちが滅びうせなかったのは、主の恵みによる。主のあわれみは尽きないからだ。それは朝ごとに新しい。「あなたの真実は力強い。」（哀歌三・二二、二三＊訳注・『聖書 新改訳』（第三版））

何か良いことがやってきます。私はそれをあなたに感謝します。私にはそれが何か、まだわかりませんが。

でも、私はあなたを知っています。私は、あなたのいつくしみが「朝ごとに新しい」と知っています。

主よ、私と私の娘に対するあなたのいつくしみを感謝します。

私が疲れ切り、自分の力の限界に達したとき、あなたの御力が私を歩み続けさせてくださいますから、感謝します。

「この身も心も尽き果てるでしょう」、しかしあなたは「とこしえに」「私の心の岩」です（詩篇七三・二六）。「私にとって」は、あなたの「みそばにいることが　幸せ」なのです（詩篇七三・二八）。

私はいつでも自分の必要をあなたの御元へ持っていくことができ、あなたがいつもそれを待ち望んでいてくださり、祈りに答えてくださると知っています。それを知っていることは、なんと幸せでしょう。

あなたが与えてくださる、言葉に表せないほどのすばらしい希望を感謝します。

「天では、あなたのほかに、だれを持つことができましょう」（詩篇七三・二五＊訳注・『聖書 新改訳』〈第三版〉）

私は、恐れに巻き込まれて疑ったり心配したりはしません。なぜなら、あなたは私とともにいてくださり、「私の味方　私を助ける方」（詩一一八・七）、「わが砦《とりで》、わが救い主」（第二サムエル二二・二）ですから。

「私たちが滅びうせなかったのは、主の恵みによる」（哀歌三・二二＊訳注・『聖書 新改訳』〔第三版〕）ので、私はあなたをほめたたえます。

あなたは、「私たちをすべての不正（訳注・不法）から贖い出し」、私たちを「ご自分のもの」とするために、ご自身を与えてくださいました（テトス二・一四）。

あなたの新しいあわれみが、目的と力を持って、私の娘の人生に流れ込みますようにと、私は祈ります。そうして、彼女が「もっとすぐれた希望」を見つけ、それによって彼女があなたに「近づく」ことができますように（ヘブル七・一九）。

そうして、私たちはともに、「あなたをあがめ、御名をほめたたえます。あなたは遠い昔からの不思議なご計画を、まことに、真実に成し遂げられました」（イザヤ二五・一）。

私たちはあなたをほめたたえる新しいことを見つけるでしょう。なぜなら、私たちはまだそれを見つけていませんから。あなたの愛の御手から、まだたくさんのあわれみがやってくる途中ですから。

あなたのいつくしみゆえに、今日、私はあなたにある希望を新しくします。

あなたは、あなたに「望みを置く者」、あなたを「求めるたましいに」、「いつくしみ深い」お方です（哀歌三・二五）。

主よ、私は、私の娘のために、あなたのあわれみを願い求めます。彼女が心の願いを、早くあなたの中に見つけますように。そして、その日はやってきますから、私はあなたをほめたたえます。なぜなら、あなたの「あわれみは尽きないから」です。「あなたの真実は偉大です」（哀歌三・二二、二三）。

第二十一日　勇敢でありなさい！

わたしがこれらのことをあなたがたに話したのは、あなたがたがわたしにあって平安を持つためです。あなたがたは、世にあっては患難があります。しかし、勇敢でありなさい。わたしはすでに世に勝ったのです。（ヨハネ一六・三三＊訳注・『聖書 新改訳』（第三版））

主よ、「勇敢でありなさい」と、あなたが言ってくださるのを聞くのはなんと良いことでしょう！あなたが「すでに世に勝って」くださり、私と私の子が直面するどんな障害にも打ち勝ってくださいましたから、私は勇敢であることができます。ですから、私はあなたをほめたたえます。

私たちは、あなたにできないことに直面することなど何もありません！だからこそ、あなたのみことばは、「雄々しくあれ。心を強くせよ。すべて主を待ち望む者よ」（詩篇三一・二四）とおっしゃっているのですよね。

主よ、私の希望はあなたにあります！

私は「力強い励ましを受け」ることができます。なぜなら、私は「この希望」を「安全で確かな、たましいの錨《いかり》」として持っているからです（ヘブル六・一八、一九）。あなたはいつも生きていて、私たちのために「とりなしをして」おられます！（ヘブル七・二五）

私が祈っているとき、今この瞬間でさえ、あなたは私の必要を御父の御前に持って行ってくださっています。

御父なる神は、あなたを「死者の中からよみがえらせ、天上においてご自分の右の座に着かせて、すべての支配、権威、権力、主権の上に、また、今の世ばかりでなく、次に来る世においてもとなえられる、すべての名の上に高く置かれました」（エペソ一・二〇、二一＊訳注・『聖書 新改訳』（第三版））。

御父なる神は、「すべてのものを」あなたの足の下に従わせました（エペソ一・二二）。私たちが直面する問題をもです！

主イエスよ、私はあなたをほめたたえます。なぜなら、あなたは私たちの必要をご存じで、それを満たしてくださり、あなたによって「神に近づく人々を完全に救うことがおできになります」から（ヘブル七・二五）。

私は、御父なる神が、イエスよ、あなたにある「栄光の富をもって」、私たちの必要をすべて満たしてくださる、という約束をほめたたえます！（ピリピ四・一九＊訳注・『聖書 新改訳』〈第三版〉）

今日、私が息子をあなたの御元に連れて行くとき、あなたが他の若者に言ってくださったことに思いを留めます。「子よ、しっかりしなさい。あなたの罪は赦された」（マタイ九・二）。あなたがこう言ってくださるのを、息子が聞きますようにと、私は熱望します！　あなただけがお与えになることができる赦しを、息子があなたに求めますようにと、私は祈り求めます！

主イエスよ、私は祈ります。彼があなたの御元に行くのを妨げるすべてのものを、彼の道から取り除いてくださいますように。

「世の友となりたい」と思ったら、それは彼をどこにも連れて行かず、ただ彼をあなたから遠ざけるだけであると、彼にわからせてください（ヤコブ四・四）。

「世と、世の欲は過ぎ去ります。しかし、神のみこころを行う者は永遠に生き続けます」（第一ヨハネ二・一七）と、彼が理解できるように助けてください。

主よ、私は彼があなたと永遠に生きるようになってほしいのです。そして、今日、私は心を強くします。なぜなら、あなたこそ、彼があなたとともに永遠に生きることを望んでおられるからです！

私は心を強くします。ある日、彼が、私と同じように、あなたにあって平安を持ちますようにと。なぜなら、あなたは祈りに答えてくださいますから。

私は祈ります。主よ、彼が今日、あなたの平安を受け取りますように！

第四週　駆け寄る父

ところが、まだ家までは遠かったのに、父親は彼を見つけて、かわいそうに思い、駆け寄って彼の首を抱き、口づけした。（ルカ一五・二〇）

躍っているようにくるくると動く瞳、天使のような顔、そして驚いたことに（自分の髪の色とは違う）ダークブラウンの髪。私は息子ブライアンを初めて腕に抱いたときのことを今もよく覚えています。息子は救急病院に着いた十二分後に、あっという間に生まれました。母親のために点滴をつなぐ時間さえありませんでした。

　しかし、万事が守られました。赤ちゃんは健康そのもので、母親も無事でした。長女の出産のときと同様に、退院前に、私たち夫婦は親友ジョンとの静かな時を楽しみました。私たちは息子を腕に抱き、頭《こうべ》を垂れ、息子を神に祈りささげました。それが、彼のためにささげられた数多くの祈りの最初の祈りでした。

　すべての子どもは祈りを必要としています。放蕩の年月を通過する子はなおさらです。ブライアンの幼少期はうるわしいものでした。彼は愛情深く、家族と過ごすのが好きでした。私たちは家族旅行に出かけたり、一緒にゲームに興じたり、本や聖書を読んだりしました。ブライアンは毎週教会のサンデースクールに通い、七歳でイエスを救い主として受け入れました。それらの年月《としつき》は満たされていて、彼の幼子のような信仰は嘘偽りのない誠実なものでした。

　私たちが知らなかったのは、その季節の太陽が、別の季節の雲に道を譲ることがあるのだということでした。

　その電話が鳴ったのは、真夜中を少し過ぎた頃でした。

「お父さん、僕だよ」

「ブライアン、大丈夫かい？」

「大丈夫だよ。でも、今日はアンディの所に泊まるよ」

「約束と違うじゃないか。真夜中までには帰るって言っただろう」

「お父さん、そうだけど……。でも、僕は運転すべきじゃないし、アンディも無理なんだよ」

ブライアンがアルコールを飲んでいたことは、その声でわかりました。飲酒運転はしないという正しい判断をしていること以前に、彼はそのような状況に自分を置くべきではないと知っていたはずでした。

子どもが放蕩の年月を通過するとき、いったい自分は子育てでどこを間違ってしまったのだろうと考え込んでしまいます。親は子どもからの責めを負うだけでなく、自問自答しながら自らをも責めます。時として、まるで全世界が自分を見ているように感じられ、自分を理解してくれる人などいるのだろうかと疑ってしまいます。

ある人は理解してくれます。

息子ブライアンのことで特に苦しかった頃、ある一人の友人が、礼拝の後で私を隅に呼び寄せました。

友人は、「あなたたちのために毎日祈っていますよ。それを伝えたかったのです」と言い、こう付け加えました。「私は自分に負い目を感じて、申し訳なく感じてしまいます」。

私は困惑して、そのわけを尋ねました。

「なぜなら、私は一度も放蕩の子を扱わなくてもよかったからです」と彼は打ち明けました。「娘たちは基本的に規則に従ってきました。そして、それは私が何かをしたとか、しなかったとかは全く関係なく、ただ恵まれていただけだと、今になって分かるのです。まるで私は　なんとか逃れられたように感じるのです」。彼は肩をすくめて言いました。「子どもは自分自身で選び取って決断しますから」。

私は彼を抱きしめたくなりました。私は本能的に、あの瞬間、私が本当に聞かなくてはならない洞察をもって、神が彼を遣わされたと感じました。彼のあわれみは、神からのギフトでした。息子に対する私の葛藤を、父なる神は理解しているとコミュニケートしてくださったのです。

天の父なる神ほど、放蕩の子に対する葛藤を理解してくださる方はいません。放蕩息子の物語は、神と私たちの物語です。創造主の御元に帰り、神との愛の関係の温かさを発見することを、どうしようもなく必要としているすべての罪人のために、イエスは放蕩息子の話をしてくださったのです。

放蕩息子の物語は、究極の捜索と救済の物語です。イエスの使命は、「失われた者を捜して救う」ことでした（ルカ一九・一〇）。この話の中で、主は、親として、当時の常識では考えられない行動に出る父親の痛烈な姿を描いています。息子が足を引きずって帰ってくるのを遠くからただ立って見ているのではなく、父親は探すように見て、息子に駆け寄っていくのです。ルカはイエスのことばをこう記録しています。「まだ家までは遠かったのに、父親は彼を見つけて、かわいそうに思い、駆け寄って彼の首を抱き、口づけした」(ルカ一五・二〇)。

イエスは、遠くから私たちを見て、深い愛とあわれみをもって見続けてくださる神です。主は、私たちに駆け寄って、その御腕で抱きしめてくださる神です。主は、悔い改めた罪人が家に帰るのを歓迎してくださる天の口づけです。

イエスほど放蕩の子たちを心配してくださるお方はいません。イエスは私の放蕩息子を愛しておられ、彼のための私の祈りを喜んで聞いてくださいます。イエスは息子を神へと立ち返らせたいと願っておられ、彼を家に迎え入れたいと願っておられます。主は、主の捜索と救済の使命に参加するように私を召してくださいました。私は主とともに、私の息子を追いかけます。

イエスは、私がブライアンを愛する以上にブライアンを愛しておられます。主は息子への愛のゆえに、息子を救うために死なれました。そして、私が息子ブライアンのために祈るように願っておられます。

結局のところ、私はブライアンが生まれた日に、彼をイエスにささげたのです。イエスは言われました。「子どもたちを、来させなさい。わたしのところに来るのを邪魔してはいけません。神の国は、このような者たちのものなのです」（マタイ一九・一四）。息子のために祈らないことなど、どうして私にできるでしょう。

ブライアンは家から遠く離れ、彼の道は暗くても、神は、彼のために家の明かりを灯していま す。そして、玄関の前に出て、彼を見、待ち、呼んでいてくださいます。そして、主は、私もそこに参加するようにと呼ばれました。

私たちの愛する者は、
私たちの訴えをはねつけ、私たちのメッセージを拒絶し、
私たちの議論に反論し、私たちの人柄をさげすむかもしれない。
しかし、私たちの祈りに対しては無力だ。
――J・シドロー・バックスター

第二十二日　悪を記録しない

愛は寛容であり、愛は親切です。また人をねたみません。愛は自慢せず、高慢になりません。礼儀に反することをせず、自分の利益を求めず、苛立たず（怒らず）、人がした悪を心に留めず（悪を記録しません）。（第一コリント一三・四、五＊訳注・カッコ内NIVよりの日本語訳）

主よ、私は、「人のした悪を記録しない」ということを、いつも思い起こす必要があります。私は自分の子に対して何か反感を抱えている親にはなりたくありません。何事も、何時でも。あなたは私にこう言われました。「しかし、人を赦さないなら、あなたがたの父もあなたがたの罪をお赦しになりません」（マタイ六・一五＊訳注・『聖書 新改訳』〔第三版〕）。

どうして私が赦さないことなどできましょうか。あなたは私のすべてを赦してくださいました！

「あなたは私のすべての罪を、あなたのうしろに投げやられました」（イザヤ三八・一七）

私の犯したすべての罪を、「東が西から遠く離れているように」（詩篇一〇三・一二）、取り除かれました。

父よ、そのような驚くべき愛で私を愛してくださることを感謝します！

生きている年数が長くなれば長くなるほど、私はどれほど赦しを必要としていることか、そして、その赦しがどれほど貴重なギフトであるのかを、理解するようになりました。

私の娘も赦しを必要としています。

今はわからなくても、いつかある日、私が彼女の犯したすべての悪を赦したのだと娘は知る必要があります。私がそうできるように、主よ、助けてください。

今、この瞬間、私に赦す心をくださいと祈ります。私は彼女に、あなたからの、そして私からの、真の赦しを体験してほしいのです。

私は、彼女が私に犯したすべての悪をあなたの十字架の元に置きたいのです。

私はそれらすべてを、永遠に私たちの後ろに投げやりたいのです。そして、私がそれらを決して引き戻したりしないように助けてください。

父よ、私が怒って彼女の罪や間違いを娘に思い起こさせたときのこと、彼女に「悪の記録」（第一コリント一三・五＊訳注・ＮＩＶよりの日本語訳）を列挙していたときのことについて、あなたの赦しを求めます。

主よ、私が、「神に逆ら」ったにもかかわらず、「あわれみと赦し」を下さった、あなたのような心を持つことができるよう、助けてください（ダニエル九・九）。

赦して忘れることは、言うのは簡単でも、実際にそうするのは難しいと知っています。私は自分にされた悪をずっと覚えて抱えている傾向があるからです。

父よ、それらの傷を忘れ去って解き放すことができるよう、私を助けてください。

私に恵みとあわれみを喜ぶ心を与えてください。

私が彼女をしつけなければならないとき、私が力強く立つことができるよう、どうか助けてください。なぜなら、「あからさまに責めるのは、ひそかに愛するより良い」からです（箴言二七・五）。

また、あなたが彼女に「悔い改めの心を与えて、真理を悟らせてくださる」と期待し、私が「柔和に教え導」くことができるよう、どうか助けてください（第二テモテ二・二五）。

彼女が悔い改めてあなたの御元に帰るとき、それはなんと美しい瞬間でしょう！

彼女は「多くの罪を赦され」たので、「多く愛した」女のようになるでしょう（ルカ七・四七）。

私のように。

そして、私たちはともに、あなたのあわれみを永遠にほめたたえるでしょう！

第二十三日　恐れを締め出す全《まった》き愛

愛には恐れがありません。全き愛は恐れを締め出します。なぜなら恐れには刑罰が伴っているからです。恐れる者の愛は、全きものとなっていないのです。（第一ヨハネ四・一八＊訳注・『聖書 新改訳』〔第三版〕）

父よ、私はもう恐れたくありません。
私は娘の事を愛しているので心配します。心配せずにはいられません。
でも、私は心配しすぎであることも分かっています。

あなたは、私に、「明日のことまで心配しなくてよいのです。明日のことは明日が心配します。苦労はその日その日に十分あります」（マタイ六・三四）と言われました。

主よ、私が明日の労苦を持ち込んでいることを赦してください。

あなたの御思いはもっとずっと良いものであると、私は知っています。

私が「全き信仰をもって真心から」あなたに近づけるよう、どうか助けてください（ヘブル一〇・二二）。

私が日々新しい一日を楽しみにすることができるように、そして、私のために「天にたくわえられてある望みから湧き上がる信仰と愛」（コロサイ一・五＊訳注・NIVよりの日本語訳）であなたが満たしてくださるように、私は祈り求めます。

また、私が娘をあなたへと導くことを求めるとき、あなたの全き愛が、私の人生から恐れを締め出してくださるようにと願い求めます。

主よ、娘が私の中にあなたを見るほどに、私をあなたの愛で満たしてください。

主よ、あなたは全き愛です！

自己中心でなく、大胆に彼女を愛せるように、私を助けてください。なぜなら、あなたが私たちに与えてくださったものは、「臆病の霊ではなく、力と愛と慎みとの霊」だからです（第二テモテ一・七）。

父よ、私はあなたをほめたたえます。なぜなら、私は「人を再び恐怖に陥れる、奴隷の霊を受けたのではなく、子とする御霊を受けたのです。この御霊によって、私たちは『アバ、父』と叫びます」（ローマ八・一五）。

アバ、父よ、どうか私の子を祝福してください！

「私が主を求めると　主は答え　すべての恐怖から　私を救い出してくださった」（詩篇三四・四）と私は言いたいのです。

主イエスよ、あなたの全き愛が、娘の心から、あなたの御元へといくことへの恐れを取り除いてください。

あなたを知ることは、すべて愛であるのだと娘が理解できるように助けてください。彼女が今まで見てきたかもしれない、愛とは言えない律法主義や裁きとは全く異なる愛であるのだと。

あなたの愛が娘の中で「完全なものと」なり、彼女が「さばきの日に確信を持つことができるように」と祈ります（第一ヨハネ四・一七）。

彼女にあなたの愛のうちを歩ませてください。なぜなら、「愛のうちにとどまる者は」あなたの「うちにとどまり」、あなたも「その人のうちにとどまっておられ」るからです（第一ヨハネ四

・一六）。

あなたの驚くべき奇しいすばらしさが、私の子を祝福しますように、そして今日、彼女の心をあなたへと引き寄せますように！

第二十四日　さらなる距離

あなたに一ミリオン行くように強いる者がいれば、一緒に二ミリオン行きなさい。（マタイ五・四一）

父よ、私は時々、さらなる距離を行かなくてはならないように感じます。私の子が、一度ではなく、何度も、私にさらなる距離を行くようにと要求してくるような日があります。

主イエスよ、わが子の要求は、あなたが私に仕えてくださったように、私が子どもに仕えるようにと教えてくれますから、感謝します。

あなたが来たのは、「仕えられるためではなく仕えるため」であり、あなたの「いのちを与えるため」でした（マタイ二〇・二八）。

息子をあなたへと向かわせるように、私が息子に仕えることができるよう、どうかあなたが私を助けてくださいますようにと祈ります。

私があなたのような態度でいられるよう、主よ、助けてください。

あなたは「仕える者の姿」をとられました（ピリピ二・七＊訳注・『聖書 新改訳』（第三版））。

これは簡単な道ではありません。でも、私はあなたの足跡に従っているのだと知り、感謝してこの道を受け取ります。

もし、私があなたから目を離さずにいるならば、この道は息子にとっても私にとってもさらに良い場所へと導くのだと、私は信仰によって知っています。

私が「信仰に土台を据え、堅く立ち、聞いている福音の望みから外れることなく、信仰にとどま」れるようにと祈ります（コロサイ一・二三）。

なぜなら、愛は「すべてを耐え忍びます」から（第一コリント一三・七＊訳注・『聖書 新改訳』（第三版））。

私が息子を助けるために歩まなければならない行程を、「不平を言わずに、疑わずに」歩んで行けるよう、助けてください（ピリピ二・一四）。

「事の終わりは、その始まりにまさり、忍耐は、うぬぼれにまさる」（伝道者の書七・八）のだと、私が理解できるように助けてください。

あなたは「その御目《おんめ》をもって全地を隅々まで見渡し、その心がご自分と全く一つになっている人々に御力を現してくださるのです」（第二歴代誌一六・九）。

あなたは私を見ておられるだけではなく、私とともにおられます。

困難な日々、「水の中を過ぎるときも、わたしは、あなたとともにいる」と、あなたは約束してくださいました。

「川を渡るときも」、私たちがまるで頭まで水がいっぱいのように感じる日々も、あなたはこう言ってくださいました。「あなたは押し流されない」。

たとえ、試練や誘惑や怒りの「火の中を歩いても」、私があなたの近くにいれば、私は「焼かれません（イザヤ四三・二）。

あなたはいつも私たちとともにいてくださると約束してくださいました！（マタイ二八・二〇）

私があなたの近くにいられるよう、助けてください。そうして、私の息子があなたに従うことを学ぶようになりますように。

私が「取るに足りないしもべです。なすべきことをしただけです」（ルカ一七・一〇）と知り、へりくだってあなたとともに歩めるようにしてください。

父よ、私はあなたの無条件の愛を求めます。そうして、私が息子を、あなたが愛するように愛せますように。

彼が、私のうちにあなたの愛を見ますように、そして、あなたを愛しますように、永遠にとこしえまでも。

第二十五日　家庭に満ちあふれる恵みのために

神はあなたがたに、あらゆる恵みをあふれるばかりに与えることがおできになります。あなたがたが、いつもすべてのことに満ち足りて、すべての良いわざにあふれるようになるためです。（第二コリント九・八）

父よ、私は時々、自分が恵み深い者ではないと感じます。

私の子は、私の弱点を知っていて、時々そこを突くのを喜んでいるかのように思います。

主よ、この家庭にはもっと恵みが必要です！

最近、家庭内の空気があまりにも張り詰めています。時々、私たちはネガティブなことを取り扱うのにあまりにも集中しすぎで、ポジティブなことを見失ってしまいます。

「すべての状況において感謝」することができるよう、私を助けてください（第一テサロニケ五・一八＊訳注・NIVよりの日本語訳）。なぜなら、これが、あなたが私に願っておられることですから。

私が「主を喜ぶこと」が私の力であるという真理を決して見失わないように、どうか助けてください（ネヘミヤ八・一〇）。

父よ、私はあなたの喜びに満たされる必要があります！

私の信仰が、「することとしないこと」の単なるルールであると、そのように私の息子に見てほしくありません。

私は、息子に、私のうちにおられるあなたを見てほしいのです！

私が、「愛、喜び、平安、寛容、親切、善意、誠実、柔和、自制」という、これらすべてのあなたの御霊の実において成長するように、恵みを与えてください（ガラテヤ五・二二、二三）。

主よ、私はまた、あなたが彼にも恵みを与えてくださいますようにと祈ります。

私は、あなたが「いつもすべてのこと」において、「あらゆる恵みをあふれるばかりに与える」ことができるというあなたの約束を信頼します。

私が「すべての良いわざにあふれる」者となれるように、助けてください（第二コリント九・八）。

そうして、彼が私の「良い行いを見て」、あなたを「あがめる」ようにしてください（マタイ五・一六）。

あなただけが与えることのできる愛と知恵で私が息子をしつけられるように、どうか恵みで満たしてください。そうして、私が彼に「いのちの道」（箴言六・二三）を示すことができますように。なぜなら、あなたのみことばは、「子を愛する者は努めてこれを懲らしめる」（箴言一三・二四）と言っているからです。

私が、息子にとって「妨げになるもの、つまずきになるものを置かないように」（ローマ一四・一三＊訳注・『聖書 新改訳』（第三版））注意深くなれますよう、助けてください。

私は、あなたの満ち満ちた恵みから、「恵みの上にさらに恵みを受けた」ことを、あがめ賛美します（ヨハネ一・一六）。

私は自分に必要なものをすべて持っていますから、あなたをほめたたえます！（第二コリント九・八）

私があらゆる方法で、それらの祝福と恵みを息子と分かち合うことができるよう、私を助けてください。そうして、あなただけが与えることのできる恵みが、彼の上に、「信仰と愛とともにますます満ちあふれ」るように（第一テモテ一・一四）なりますように！

第二十六日　あなたは約束してくださいました！

あなたは、かつて言われました。「わたしは必ずあなたを幸せにし、あなたの子孫を、多くて数えきれない海の砂のようにする」と。（創世記三二・一二）

主よ、ヤコブを感謝します。彼はあなたが約束されたことを覚えてあなたに告白し、それゆえにあなたは彼を祝福なさいました！

彼の大胆さは、あなたが私にもあなたの約束を祈るように望んでおられるのだと思い起こさせます。

あなたの約束は、私の信仰を建て上げ、私に希望を与えてくれます。あなたの約束は、あなたの優しさを思い起こすことを助け、私に前に進む力を与えてくれます。あなたのみことばは、あなたの約束は信頼できると明らかにしています。

「神は人間ではなく、偽りを言うことがない。人の子ではなく、悔いることがない。神は言われたことを、なさらないだろうか。約束されたことを成し遂げられないだろうか」（民数二三・一九＊訳注・『聖書 新改訳』（第三版））

あなたは約束を必ず守られます！

あなたは完全で完璧なお方なので、偽りを言うことなど不可能です。

あなたのみことばは、私が何度も祈りたい約束で、特に、私の子に対して何度も祈りたい約束でいっぱいです。

ヤコブのように、私は「あなたが仰せられた」ことを祈りたいのです。結局のところ、主よ、あなたは約束してくださいました！

あなたはこう仰せられました。「わたしは、あなたがたがわたしの名によって求めることは何でも、それをしましょう。父が子によって栄光をお受けになるためです。あなたがたが、わたしの名によって何かをわたしに求めるなら、わたしはそれをしましょう」（ヨハネ一四・一三、一四＊

訳注・『聖書 新改訳』（第三版）。

もし、私の娘が彼女の心をあなたに明け渡すならば、御父が栄光をお受けになると私は知っています。ですから、主イエスよ、私はあなたの御名によって彼女がそうするように求めます！

また、あなたは私に、祈るときには信仰をもって祈るようにと仰せられました。

あなたはこう仰せられました。「祈り求めるものは何でも、すでに得たと信じなさい。そうすれば、そのとおりになります」（マルコ一一・二四）。

私は、娘がこの世から向きを変え、あなたを受け入れると信じます。なぜなら、あなたは祈りに答えてくださると約束してくださったからです！

私は、あなたのこの約束のみことばを握りしめます。「主イエスを信じなさい。そうすれば、あなたもあなたの家族も救われます」（使徒一六・三一）。

主よ、私は私の家族全員がそろってあなたを賛美する日を楽しみにします。

あなたにはこれを成し遂げることが完全におできになると信じます。

私は、「信じる者には、どんなことでもできるのです」（マルコ九・二三）という、あなたの約束を握りしめます！

あなたは信頼できるお方なので、あなたのみことばに拠り頼むことができることを感謝します。

あなたのみことばについて、あなたはこう仰せられました。「わたしの口から出るわたしのことばも、わたしのところに、空しく帰って来ることはない。それは、わたしが望むことを成し遂げ、わたしが言い送ったことを成功させる」（イザヤ五五・一一）。

あなたは私に、あなたのみことばを与えてくださいました。それは、私の心と人生を、あなたのみことばで満たすためであると知っています。

私は、あなたと、「あなたのみことばに信頼しています」（詩篇一一九・四二）！

私があなたをもっとよく知り、あなたをもっと愛するために、私が「聖書を調べる」（ヨハネ五・三九）のを助けてください。

そうすれば、私は祈るための約束を見つけ続けるでしょう。そして、あなたがそれらを成し遂げてくださったとき、私はあなたをもっと賛美し、もっとほめたたえるでしょう！

第二十七日　感謝します

子どもたちは主の賜物　胎の実は報酬。（詩篇一二七・三）

主よ、私は最近、あなたにあまり感謝していないように思います。あなたのみことばは、子どもはあなたからの祝福であると思い起こさせます。そして、私はそのことを心に留めます。

私の息子という祝福を、再びあなたに感謝します。

息子はあなたのユニークで美しい創造です。

彼と同じ者は誰一人としていません。

私はあなたをほめたたえます。なぜなら、彼は「恐ろしいほど奇しく創造され、あなたのみわざはすばらしく、私のたましいはそれをよく知っています」から（詩篇一三九・一四＊訳注・NIVよりの日本語訳）。

私の息子の良い性質を感謝します。

私は彼の意志の強ささえも感謝します。そして、それが、あなたに献身的に仕えるために用いられる日を楽しみにします。

私は、健康、食事、家が与えられているという、時に当たり前のように思っている祝福について、あなたに感謝します。

今は私にとって難しく辛くチャレンジングなときですが、あなたに感謝することを止めてしまいたくありません。

あなたのみことばは、「すべての状況において感謝しなさい。これが、キリスト・イエスにあって神があなたがたに望んでおられることです」（第一テサロニケ五・一八＊訳注・NIVよりの日本語訳）と私に言っています。

私は特に、息子と私へのあなたの忍耐を感謝します。

私が、「主の忍耐は救いであると考え」られるよう助けてください（第二ペテロ三・一五）。

私の息子は、まだ心があなたに立ち返ってはいませんが、あなたがまだ待っていてくださること、まだ忍耐していてくださること、まだあなたの御手を伸ばしていてくださることを感謝します。

おお、父よ、私は、彼の救いが早くきますようにと祈ります！

あなたにある救いの希望ゆえに、父よ、感謝します。

あなたの奇《くす》しさ、美しさ、あなたのすべてを感謝します。

私と息子へのあなたの忍耐は、私に希望の理由を与えます。

他の人はあなたが近くにおられることを疑うかもしれませんが、私はあなたにすがりつき、あなたに信頼します。

父よ、多くの方法で私たちに示してくださったあなたの優しさを感謝します！

あなたのいつくしみは絶えることがありません。「なんと多いことでしょう。あなたがなさった奇しいみわざと　私たちへの計らいは。あなたに並ぶ者はありません。語ろうとしても　告げようとしても　それはあまりに多くて数えきれません」（詩篇四〇・五）。

あなたは常に真実です。

「主は真実な神で偽りがなく、正しい方、直ぐな方である」（申命記三二・四）

「たとい山々が移り、丘が動いても、わたしの変わらぬ愛はあなたから移らない」と言う、あなたの約束を感謝します（イザヤ五四・一〇＊訳注・『聖書 新改訳』〔第三版〕）。

「あなたの恵み（変わらぬ愛）はなんと尊いことでしょう」！（詩篇三六・七＊訳注・カッコ内NIVよりの日本語訳）

私が愛してやまない子を与えてくださった祝福を、主よ、感謝します。

そして、あなたが私以上に私の子を愛しておられることを、主よ、感謝してあがめます。

「主よ、私たちに、あなたの恵み（変わらぬ愛）を示し、あなたの救いを私たちに与えてください」（詩篇八五・七＊訳注・『聖書 新改訳』〔第三版〕。カッコ内NIVよりの日本語訳）。

第二十八日　知らずに祝福されていた

ヤコブは眠りから覚めて、言った。「まことに主はこの場所におられる。それなのに、私はそれを知らなかった。」（創世記二八・一六）

主よ、あなたはいつも私を驚かせてくださいます。

あなたが私の息子の人生に働いてくださっていて、私がそのことを知らずにいたときが何度もありました。

そのときのことを、父よ、私はあなたに感謝します。特に今、私が知らずに起こっていることを、感謝します。

あなたはニコデモに言われました。「風はその思いのままに吹き、あなたはその音を聞くが、それがどこから来てどこへ行くかを知らない。御霊によって生まれる者もみな、そのとおりです」（ヨハネ三・八＊訳注・『聖書 新改訳』〈第三版〉）。

あなたは、私には何年間もそれが見えず、気づきもしないかもしれないような方法で、事をなしてくださっています。

何ものもあなたから逃れることはできません。あなたは息子に対する私の祈りを聞かれ、愛をもって答えてくださっています。

あなたの真実は、私がもっといつでもあなたに祈りたくなるようにします。

主よ、私はあなたをほめたたえます。あなたは休むことなく働き続けてくださっています。あなたは「疲れることなく、弱ることなく、その英知は測り知れません」（イザヤ四〇・二八）。

私がもう疲れ切ったと感じるとき、これを覚えておくことが必要です！

私の息子があなたから逃れていられる期間には限界があります。なぜなら、「若者も疲れて力尽き、若い男たちも、つまずき倒れる」（イザヤ四〇・三〇）からです。

主よ、彼を捕まえてください！　彼が倒れ、ひざまずき、あなたの御名を呼ぶとき、どうかあなたがそこにいてください。

息子が幼い頃、彼が転んだときに私がしたように、あなたはそこにいて彼を引き起こし、あなたの近くに抱き寄せてくださいますから、私はあなたに感謝します。

「その咎は償われ」たと、彼に「優しく語りかけ」てください（イザヤ四〇・二）。そして、彼をあなたの家へと導いてください。

父よ、あなたは私が考えたこともないような形で、彼に届く方法を持っておられます。あなたは「私たちの知りえない大きなことをされ」（ヨブ三七・五）ます。

どれだけ多くの祝福について、私は考えずにいたことでしょう！

主よ、あなたはなんとすばらしいのでしょう！「なんと大きいのでしょう。あなたのいつくしみは。あなたを恐れる者のために　あなたはそれを蓄え」てくださいました！（詩篇三一・一九）

あなたの臨在が自分を取り囲んでいると理解したヤコブのように、あなたが私の息子を、あなたの臨在の美しさに目覚めさせてくださいますように。

あなたが、「わたしはあなたとともにいて、あなたがどこへ行っても、あなたを守る」と言われるのを（創世記二八・一五）、彼に聞かせてください。

あなたが私にしてくださったように、あなたの祝福は、彼が想像できるところをはるかに越えて広がっているのだと、彼に悟りを与えてください。そうして、彼がそれゆえに、あなたを永遠にあがめほめたたえますように。

第五週　信仰の担架

イエスは彼らの信仰を見て、中風の人に「子よ、あなたの罪は赦された」と言われた。（マルコ二・五）

私の母は、信仰の霊的賜物を持っていました（第一コリント一二）。ティーンエイジャーのとき、私は母によく苛立ちを覚えたものです。「ただ、神に信頼しなさい」。母は私にいつもこう言いました。「神はあなたのことを取り扱ってくださるわよ」。母はほほえむと、その思いを締めくくるように賛美歌を歌い始めたものでした。

そんな母の言葉は、私の気持ちを追い詰め、うんざりさせたものでした。私は今でも、苛立って大きな足音を立てながら、「お母さん、そんなに簡単じゃないんだよ！」と抗議した自分の声を覚えています。

しかし、母にとっては当たり前のことでした。母は、神が真実であると知っていました。神は、いつでも母を取り扱ってくださいました。祖父（母の父）が大恐慌の間に若くして天に召されたときも、第二次世界大戦と朝鮮戦争で父（母の夫）が何度も危険な戦地に赴いたときも、母は信仰を握りしめ、神は母を握りしめていてくださいました。

母は晩年になって、アルツハイマー病を患いました。父は死ぬまで母を世話し、その後、特別な介護が必要になるまでは、母は私たち夫婦と住むようになりました。それらの日々には、私たちが決して思いもしなかった祝福がありました。母は多くのことを忘れてしまいましたが、彼女が深く愛した賛美歌はずっと心に残っていました。私が賛美歌を母の前で歌うと、彼女は驚くほど明確に歌詞を覚えていて、一緒に歌い出すのでした。

父の死後、母の世話のために、私たち家族は両親の家を売ることにしました。その家は、私が中学一年生のとき、父が住宅セールで購入したもので、家具や飾りがすべて整っている家でした。

母の病気は長引くものでしたし、資金が限られていたこともあり、家と家財をすべて鑑定して売りに出しました。

そして、このときもまた、神は母のことを取り扱ってくださいました。鑑定のとき、二つの絵画が発見されました。それらはカリフォルニア印象派画家のグランビル・レドモンドの作品でした。それらはオークションで合わせて四十万ドル以上の価格で売れ、母の介護資金となりました。病が母の思考と記憶を冒したときでさえ、この絵画を通し、神は、私が決して忘れることのできないような方法で、母への真実を現してくださいました。それは私を変えました。時々、私が母の言葉そのままに子どもたちに語っていることに気づきます。「ただ、神に信頼しなさい。神はあなたのことを取り扱ってくださるよ」と。

信仰は、教えるだけでなく、見せなければなりません。放蕩の子どもの親は、自分の信仰が子どもの目にも明らかに見えるようにと祈らなければなりません。子どもたちは、親が積極的に神を信じており、その信仰がその人生に反映されていることを、その目で見る必要があるのです。

マルコとルカは、「人々の信仰の行為を見る」イエスの驚くような話を語っています。四人の男が、中風を患っている友人を癒していただこうと、イエスの御元に連れて行きました。群衆をかき分けていくことができず、彼らはイエスが教えておられる家の屋根に登り、いくつかの屋根の瓦《かわら》をはがし、その男をちょうど「イエスの前に」つり下ろしました（ルカ五・一九）。マルコとルカは二人とも、「イエスは彼らの信仰を見て」その友人を癒されたと書いています（マルコ二・五、ルカ五・二〇）。

マルコとルカの両方が、癒された男の信仰以上のことを語っている点に注目してください。イエスが「彼らの信仰」を見たとは、つまりは彼の友人たちの信仰を指しているのです。その男が中風を患っていて、自分では何もできないとき、彼の友人たちの生きた積極的な信仰が、大きな変化をもたらしたのです。

私たちが放蕩の子のために祈ることは、彼らを信仰の担架に乗せてイエスの御元に連れていくということです。私たちは重荷を担ぎますが、彼らは益を受け取ります。子どもたちは完全に受け身かもしれませんし、もしかしたらひどく抵抗するかもしれません。しかし、イエスは私たちが子どもたちをイエスの御元に連れて行くときに、親である私たちの信仰を見られます。

ジム・サインバラは、長い放蕩を経て戻ってきた娘、クリスィーのことを書いています。[*1] ある火曜日の夕方、神は、彼が奉仕している教会（ブルックリン・タバナクル）が、彼の娘のために熱心にとりなしの祈りをするようにと動かされました。その夜、彼は帰宅し、妻に言いました。「クリスィーのことはもうすんだ。君も今日の祈り会にいたよね。もし神が天にいるなら、このすべての悪夢はもうおしまいだ」

その二日後、彼の娘は家にいる家族の元に帰ってきて、神の御元に戻りました。彼女は、ある一つの質問を何度も繰り返して聞きました。

「お父さん、誰が私のために祈ってたの?」

その火曜日の夜、神はクリスィーの魂に働きかけ、彼女が破壊に向かっていること、そして、彼女に対する神の愛を明確に示してくださったのです。どういうわけかクリスィーは、神が神の民の熱心な祈りを用いたのだということを知っていたのです。

放蕩の子どもたちは、私たちが彼らを祈りの担架に乗せてイエスの御元に連れて行くのを、どうしようもなく必要としています。たとえ、彼らに信仰がなくても、神は私たちの信仰を見られます。そして、彼らはそれゆえに、祝福されるのです。


私たちの霊的人生の大きな戦いは、「あなたは信じるか?」である。

それは、「もっと一生懸命に頑張るか?」でもなく、「もっと値する者になれるか?」でもない。

それは、神が神にしかできないことをなさると、まっすぐにキッパリと信じるという問題なのだ。

——ジム・サインバラ

＊1　サインバラ著『フレッシュ・ウィンド、フレッシュ・ファイヤー』（*Fresh Wind, Fresh Fire*）六四、六五頁

第二十九日　火の中からつかみ出される

疑いを抱く人々をあわれみ、火の中からつかみ出して救い（なさい。）（ユダ二二、二三＊訳注・『聖書 新改訳』（第三版））

主よ、彼は火で遊んでいるのに、それに気づいていません。

彼は自分のしたいことをして「楽しく生きている」と思っています。

彼は、「人の目にはまっすぐに見えるが、その終わりが死となる道がある」（箴言一四・一二）と理解していないのです。

父よ、自分の息子が「ゲヘナの火」(マタイ一八・九)の近くにいると考えることは、私にはあまりにも苦痛で、堪え難いことです。

しかし、私はあなたの御力によって守られている(第一ペテロ一・五)ので、この祈りをもって、この恐れに立ち向かい、彼を追いかけます。

あなたが私の息子を救うために、私をどんな方法でも用いてくださいますようにと、私は祈ります。主よ、それが何であっても、どんな方法でもかまいません!

神よ、私が彼を「火の中から」つかみ出すことができるよう、助けてください。

私は自分でそうすることはできません。しかし、「私を強くしてくださる方によって、私はどんなことでもできるのです」!(ピリピ四・一三)

主よ、私はこのことにおいて一人ではありませんから、感謝します。私はあなたの御力に拠り頼んでいます。

私たちは、ともに、彼を追いかけます。なぜなら、あなたは「私とともにいて」力強い「勇士」のようですから(エレミヤ二〇・一一)。

私たちが直面する敵は多いかもしれません。

しかし、私は、あなたの民が過去の戦いでどう祈ったかを思い出します。

「私たちとしては、どうすればよいかわかりません。ただ、あなたに私たちの目を注ぐのみです」（第二歴代誌二〇・一二）

息子の救いのために、私はあなたに目を注ぎます。あなたが私たちのすべての敵に打ち勝ってくださるようにと。

主よ、敵をとがめてください（ザカリヤ三・二）。

あなたのみことばは、信者の子どもは「聖い」とおっしゃっています（第一コリント七・一四）。救われるためには、息子があなたに立ち返らなくてはならないと、私は知っています。でも私は、敵が息子を追いかけて、聖なる地にまで踏み込み、私たちの愛する者に狙いを定めることも知っています。

主イエスよ、ペテロが「あなたは、生ける神の御子キリストです」（マタイ一六・一六＊『聖書 新改訳』〔第三版〕）と告白したとき、あなたは「よみの門も（その告白）に打ち勝つことはできません」（マタイ一六・一八）とお答えになりました。

私も同様に、あなたを主と告白します！

主よ、それらの門を打ち壊してください！ まだ時間が残っている間に、私の息子を火の中からつかみ出してください！

私は、私の息子が自分の罪を悔い改め、今日、あなたを彼の主であり救い主であると告白しますように、と祈ります。

今日があなたの恵みの時でありますように。

今日があなたの「救いの日」でありますように！（第二コリント六・二）

第三十日　柔らかい心

（わたしは）あなたがたに新しい心を与え、あなたがたのうちに新しい霊を与える。わたしはあなたがたのからだから石の心を取り除き、あなたがたに肉の心を与える。わたしの霊をあなたがたのうちに授け……る。（エゼキエル三六・二六、二七）

主よ、私はあなたが、あなたの民を解放するために、どのように「パロの心をかたくなにされた」（出エジプト一四・八＊訳注・『聖書 新改訳』（第三版））かを読みました。

あなたはあなたの民を祝福するために彼の心をかたくなにされました。ですから、私はあなたに私の息子の心を柔らかくしてくださるようにとお願いしたいのです。

あなたはみことばの中でこう約束してくださいました。

「(わたしは) あなたがたに新しい心を与え、あなたがたのうちに新しい霊を与える」

私の息子にとって、それはなんという祝福でしょう!

私は今日、あなたが新鮮で力強い方法で、彼の心の内側に入ってくださいますようにと祈ります。

彼の心は「罪に惑わされて頑なに」なっています (ヘブル三・一三)。でも、ずっとそうだったわけではありません。

彼があなたに対してオープンであったときがありました。彼はあなたを受け入れ、あなたの愛が彼のうちに美しい方法で働いていました。

でも、彼の信仰は、この世によって「ふさがれて」しまいました (ルカ八・七)。

「この世の心づかいや、富や、快楽」(ルカ八・一四＊訳注・『聖書 新改訳』(第三版)) が彼を迷わせ、あなたにあって強く成長するのを妨げました。

「しかしあなたには、ゆるしがあるので」(詩篇一三〇・四＊訳注・口語訳)、彼にはまだ望みがあります。そしてそれゆえに、私はあなたをほめたたえます!

ソロモンがイスラエルの心をあなたに立ち返らせてくださるよう祈ったように、私の息子の心

をあなたに立ち返らせてください！（第一列王記八・五八）

彼がもはや「どっちつかずによろめいている」（第一列王記一八・二一）のではなく、心を尽くしてあなたを愛するようにと、私は祈ります。

彼があなたに立ち返ったとき、あなたは彼を歓迎してくださると、私は知っています。なぜなら、それがあなたのみこころですから！

彼に「一つの心」を与え、彼のうちに「新しい霊」を与えてください（エゼキエル一一・一九）。

彼から「石の心を取り除き」、彼に「肉の心」を与えてください（エゼキエル三六・二六）。

そして、主イエスよ、あなたの恵みが彼の霊とともにあり（ピレモン二五）、「御名は近くにある」ことを彼が知りますように（詩篇七五・一）。

息子が、あなたは「私たちを見放さず、私たちをお見捨てになることがありません」（第一列王記八・五七）と信頼しますように。

彼が、あなたのすべての道に歩み、あなたを愛し、心を尽くし、精神を尽くしてあなたに仕えるようにと、私は祈ります（申命記一〇・一二＊訳注・『聖書 新改訳』〈第三版〉）。

ああ、神よ、彼の心が「揺るがないように」してください（詩篇五七・七）。

毎日、朝ごとに、「あなたの変わることのない愛」（詩篇一四三・八＊訳注・ＮＩＶよりの日本語訳）が、彼に希望をもたらしますように。

父よ、彼の心は、そして、私の心も、あなたの御手の中にあります。

主よ、私は、彼があなたの愛で満ちあふれるようになるのを見ることを待ち望んでいます。

あなたもそうであると、私は知っています。

私は、彼が今日、あなたに心を明け渡すようにと祈ります！

第三十一日　誰でも

神は、実に、そのひとり子をお与えになったほどに、世を愛された。それは、御子を信じる者が（誰でも）、一人として滅びることなく、永遠のいのちを持つためである。（ヨハネ三・一六＊訳注・カッコ内NIVよりの日本語訳）

「誰でも」

主よ、ヨハネの福音書三章一六節に、この言葉を含めてくださったことを感謝します。私はこの言葉の意味が大好きです。

この言葉は、私たちが何をしたかにかかわらず、もし、私たちがあなたの御元に行き、「私たちの罪を言い表わすなら」、あなたは「真実で正しい方ですから、その罪を赦し、私たちをすべての不義からきよめてくださいます」（第一ヨハネ一・九）と私に語っています。

これは、私の子も赦しを得られることを意味します。

他の人は、娘がしたことによって、彼女のことを拒絶し、記憶からも消し去ってしまうかもしれませんが、もし彼女があなたに立ち返るなら、あなたは彼女を受け入れてくださいます。これが一番重要なことです。

「誰でも！」この言葉は、私にものすごい希望を与えてくれます。

主イエスよ、あなたが私たちのためにしてくださったことのゆえに、私はあなたをほめたたえます。

あなたは「ご自分の前に置かれた喜びのために、辱めをものともせずに十字架を忍び、神の御座の右に着座されたのです」（ヘブル一二・二）。

これは、私たちもあなたの喜びの一部ということですね？　そうに違いありません！

あなたは、あなたが来られた理由は、「失われた人を捜して救うため」（ルカ一九・一〇）であると言われました。

また、あなたは、もし私たちがあなたに従順に従うならば、あなたの「喜びが」私たちの「うちにあり」、私たちの「喜びが満たされる」（ヨハネ一五・一一＊訳注・『聖書 新改訳』〈第三版〉）ともおっしゃいました。

主よ、私は娘に、あなたの喜びを本当に知ってほしいのです！

あなたを知ることに代わるものはありません。

私は祈ります。彼女が自分の内側に、あなただけが満たすことのできる空洞（空しさ）があることを理解しますようにと。

彼女はそれを、快楽や気晴らしで満たそうとしています。

でも、それらは彼女がもっと欲するようにするだけです。

父よ、あなたがまた、彼女をどんなに愛しておられるのかを示してくださいますようにと、今日、私は祈ります。

あなたは彼女をとても愛しておられるので、あなたの、「実に、そのひとり子」をお与えになりました！

彼女の錯乱を打ち壊してください。そして、あなたから離れて自分の道を行く生き方は意味がないと示してください。

すべての者が「滅びる」と、彼女に思い起こさせてください。なぜなら、「罪の報酬は死です。しかし神の賜物は、私たちの主キリスト・イエスにある永遠のいのちです」（ローマ六・二三）から。

主よ、私は娘のためにいのちを祈り求めます！

あなたの「捜して救う使命」の中で、彼女を安全なあなたの愛の元へと引き上げるために、この祈りを用いてください。そして、父よ、私を用いてください。あなたが望まれるどんな方法でも。

私は、あなたがこのために、娘を私に与えてくださったのだと知っています。

親になるという、個人的なこの世的祝福だけがその理由ではなく、娘の永遠の魂の救いのために、あなたは私を用いたいと望んでおられるからであると。

娘が何をしたとしても、あなたはまだ、彼女を、驚くべき愛をもって愛しておられます。あなたは、「あなたのあわれみの豊かさにしたがって」（詩篇六九・一六）、彼女のためにささげられるすべての祈りに答えてくださいますから、私はあなたに感謝します。

第三十二日　もっと良い心の思い

その教えとは、あなたがたの以前の生活について言えば、人を欺く情欲によって腐敗していく古い人を、あなたがたが脱ぎ捨てること、また、(あなたがたの心の思いが霊において新しくされ)、真理に基づく義と聖をもって、神にかたどり造られた新しい人を着ることでした。(エペソ四・二二、二四＊訳注・カッコ内欽定訳〈KJV〉からの日本語訳)

彼女が鏡を見るとき、父よ、彼女は何を見るのでしょうか。

彼女は外側だけを見るのでしょうか。主よ、彼女がもっと奥深く見られるように助けてください。

彼女が身体的な外見や見た目を越えて、心の中まで見えるようにしてください。

主よ、彼女には新しい心の思いが必要です。彼女には、あなたにある「信仰と希望」（第一ペテロ一・二一）だけがもたらす励ましが必要です。

彼女が「人を欺く情欲によって腐敗していく」古い自分を「脱ぎ捨て」、あなたの望んでおられる人物へと花咲いていくのを助けてくださるようにと、私は祈ります。

主よ、彼女の内側を新しく変えてください！

彼女の「心の思いが霊において新しくされ」、彼女が今までとは違った方法で、人生を楽しみにできるようにしてください。

あなたの力と愛が彼女の心と思いに働いたとき、彼女がなり得る「新しい人」は、あなたが初めから彼女に意図した、あなたに似た者として「かたどり造られた」者であるのだと、彼女が理解できるように助けてください。

父よ、あなたが私の娘を愛しておられることを感謝します。

そして、あなたは彼女を愛しておられるので、彼女をこのまま放ってはおかれません。ですから、私はあなたをあがめます。

あなたは彼女を、あなたと「同じかたちに姿を変え」（第二コリント三・一八）たいと、「栄光の王」

（詩篇二四・一〇）の娘へと変えたいと望んでおられます。

あなたと彼女が家族であって、似ていることが、疑いようもないほど明らかになりますように。

彼女のすべてが、人々にあなたを思い起こさせますように！

イエスよ、感謝します。あなたは、すべての点で私たちと「同じように」なられました（ヘブル二・一七）。そうして、私たちもあなたと同じようにされるためにです。

主イエスよ、感謝します。あなたは私たちと同じように、人間としての性質を持ってくださいました。それは、あなたの死によって、「死の力を持つ者」を「滅ぼし、死の恐怖によって一生涯奴隷としてつながれていた人々を解放」してくださるためでした（ヘブル二・一四、一五）。

主よ、私の娘を解放してください！

あなたを愛するように、そして生きるように、解放してください！

彼女が罪を悔い改め、全く新しいスタートができるように、解放してください。

彼女がなり得る可能性の頂点に達し、他の人々にとって祝福となるように、解放してください。

いつかある日、彼女が新しいエルサレムを裸足で自由に走れるようにしてください（黙示録二一・二）。彼女があなたにあって「新しく生まれた」ということのゆえに！（ヨハネ三・三）

第三十二日　もっと良い心の思い

第三十三日　友人たちと、一人の友

滅びに至らせる友人たちもあれば、兄弟よりも親密な者(友)もいる。(箴言一八・二四＊訳注・カッコ内NIVよりの日本語訳)

主よ、私は息子のために祈ります。彼は友人を選ぶのに、知恵が必要です。彼には良い友人たちが必要です。父よ、あなたを知っていて、誠実な信仰を持っている友人たちが。あなたに忠実であり、息子にも誠実であり、「悪を退けて善を選ぶ」(イザヤ七・一五)友人たちが。

私は祈ります。あなたが、彼を迷わせる友人たちから守ってくださいますようにと。なぜなら、「友だちが悪ければ、良い習慣がそこなわれる」からです（第一コリント一五・三三＊訳注・『聖書 新改訳』〈第三版〉）。

「彼らと一緒に道を歩いて」（箴言一・一五）いかないように、私の息子に力を与えてください。

彼の良い性質にひかれ、その良さをもっと生かしていくように彼を励ます友人たちを与えてくださるようにと祈り求めます。

「すべて真実なこと、すべて尊ぶべきこと、すべて正しいこと、すべて清いこと、すべて愛すべきこと、すべて評判の良いこと」（ピリピ四・八）を愛する友人たちを、祈り求めます。

父よ、息子には、私があまり好ましく思わない友人たちがいることを、あなたはご存じです。しかし、彼らがあなたからどんなに遠く離れたところにいるとしても、あなたは彼らをも愛しておられることを、私は知っています。

ですから、あなたを知る必要がある息子の友人たちのためにも祈ります。主よ、彼らを救ってください！　そして、彼らのうちに働くあなたの霊が、私の息子の心をも、あなたに引き寄せてくださいますように。

あなたは「兄弟よりも親密な友」です。

あなたは、約束してくださいました。「わたしはあなたを見放さず、あなたを見捨てない」（ヨシュア一・五）。

あなたはこう仰せられました。「わたしはあなたを造った。わたしはあなたを運ぼう。わたしはあなたを背負い、救い出そう」（イザヤ四六・四＊訳注・NIVよりの日本語訳）。

彼には救済が必要なのです。そして、主よ、それはあなただけにできることです。

彼が、あなたのような友が必要であると、何よりもあなたが必要であると、理解できるように助けてください。そして、彼が心を尽くしてあなたに立ち返りますように。

父よ、あなたが私の友であられることを感謝します。

「あなたのいつくしみ（愛）はいのちにもまさります」（詩篇六三・三＊訳注・カッコ内NIVよりの日本語訳）

「あなたは私の助けであられるので、御翼の陰で、私は喜び歌います」（詩篇六三・七＊訳注・NIVよりの日本語訳）

私は、あなたが息子の人生になされること、そして、息子の友人たちの人生になされることを楽しみにしています。

「私は、あなたがなしてくださったことのゆえに、とこしえまでも、あなたに感謝します」（詩

篇五一・九＊訳注・NIVよりの日本語訳）

なぜなら、あなたは「私があなたに助けを呼び求めたとき、あなたはあわれみを求める私の叫びを聞いてくださいました」から（詩篇三一・二二＊訳注・NIVよりの日本語訳）。

「あなたの真実は偉大です」（哀歌三・二三）

第三十四日　無罪潔白と認められる

「さあ、来たれ。論じ合おう」と主は仰せられる。「たとい、あなたがたの罪が緋《ひ》のように赤くても、雪のように白くなる。たとい、紅《くれない》のように赤くても、羊の毛のようになる。」（イザヤ一・一八＊訳

注・『聖書 新改訳』（第三版））

主よ、私はあなたをほえたたえます。なぜなら、あなたは無罪潔白と認められるからです。
あなたは「世の罪を取り除く神の子羊」です！（ヨハネ一・二九）
あなたは「傷もなく汚れもない子羊」です（第一ペテロ一・一九）。

あなたの「みわざは完全」で、あなたの「道はみな正しく」、あなたは「真実な神で偽りがありません」（申命記三二・四）。

あなたは罪の無い方であり、知恵であられ、完全、完璧であられます！

主イエスよ、あなたは「すべての点で、私たちと同じように、試みに会われ」ましたが、「罪は犯されませんでした」（ヘブル四・一五＊訳注・『聖書 新改訳』〈第三版〉）。

私は、この事実に驚き、あなたをもっと礼拝したくなります。

あなたは、罪の無いお方であるだけではなく、私たちに無罪潔白を取り戻させてくださるお方です。なぜなら、あなたは、あなたに「よって神に近づく人々を完全に救うことがおできに」なるからです（ヘブル七・二五）。

主よ、私の娘は完全に救われる必要があります。

彼女には、あなたの赦しのギフトが必要で、彼女の罪意識が洗い流される必要があります。

あなたのように罪のしみを取り除ける者は誰もいません。あなたは、私たちが「罪から解放され」（ローマ六・二二）、完全に新しいいのちへと「新しく生まれる」（第一ペテロ一・二三）ことができるように、罪のしみを取り除ける唯一のお方です！

あなたは約束してくださいました。「たとい、あなたがたの罪が緋のように赤くても、雪のように白くなる」。

父よ、私は祈ります。あなたと私の娘が「論じ合い」、あなたが無償で与えてくださる無罪潔白を、彼女が慕い求めますようにと。

彼女が、あなたの完全な赦しを捜し求めて見つけますように。

彼女が、彼女の霊の奥深いところで、あなたがこう語られるのを聞きますように。「わたし、このわたしは、わたし自身のために、あなたの背きの罪をぬぐい去り、もうあなたの罪を思い出さない」（イザヤ四三・二五）。

どうか彼女が、「欲望がもたらすこの世の腐敗を免れ」（第二ペテロ一・四）、「主イエス・キリストの御名と私たちの神の御霊によって……洗われ、聖なる者とされ、義と認められ」ますように（第一コリント六・一一）。

あなたの御霊によって、あなたが彼女にもっておられる希望を、彼女が心の中で聞くことができますように。「先のことに心を留めるな。昔のことに目を留めるな。見よ、わたしは新しいことを行う」（イザヤ四三・一八、一九）。

あなたは新しい始まりの神です！

あなたは彼女の足を新しい道に立たせることがおできになるお方です！

「曲がったところはまっすぐになり、険しい道は平らになる」（ルカ三・五）

主よ、そのようになさってください！

どうか彼女を、「しみや、しわや、そのようなものが何一つない、聖なるもの、傷のない」（エペソ五・二七）、キリストの花嫁としてください！

愛なる父よ、今日、あなたの無罪潔白のギフトが彼女のものとなりますように！

第三十五日　あなたもそこを通られましたから、賛美します

エルサレムに近くなったころ、都を見られたイエスは、その都のために泣いて、言われた。「おまえも、もし、この日のうちに、平和のことを知っていたのなら。しかし今は、そのことがおまえの目から隠されている。」（ルカ一九・四一、四二＊訳注・『聖書 新改訳』（第三版））

主イエスよ、あなたもそこを通られましたよね。

あなたは、自分の愛する者を恋い慕いながら見つめ、彼らが彼らの心を父に立ち返らせることを望み、祈ることがどういうことなのか、あなたは知っておられます。

あなたはエルサレムのために、何度も泣かれましたよね。

また別の日に、あなたは都を見られ、こう言われました。「わたしは、めんどりがひなを翼の下に集めるように、あなたの子らを幾たび集めようとしたことか。それなのに、あなたがたはそれを好まなかった」（マタイ二三・三七＊訳注・『聖書 新改訳』〈第三版〉）。

あなたは子どもたちを「育てて、大きく」されました。「しかし、彼らは（あなたに）背」きました（イザヤ一・二）。

主よ、私の心はあなたに傾きます。あなたは私が自分の息子についてどう感じるかを、完全に理解しておられます。

「主よ　私の願いはすべてあなたの御前にあり　私の嘆きは　あなたに隠れてはいません」（詩篇三八・九）

私は彼に本当に良いことを望んでいます！

あなたが望んでおられるように、私も、彼があなたを見るようにと望んでいます。そして、あなたにある喜びを、彼の心の奥底から知ってほしいと望んでいます。

私は、彼が、あなただけが与えることのできる平安を見つけてほしいと願っています。

しかし、エルサレムがそうであったように、今この瞬間は、そのことが、彼の「目から隠されて」います。

私が一人の子に対してさえ、このように恋い慕って望んでいるのなら、あなたは都全体のためにどんなに慕い求めておられたことでしょう！　私はそれを少しだけ想像できます。

あなたは、放蕩の子を持つということがどういうことなのか、完全に理解しておられます。

ある人々は、放蕩の子を持ったことがないので理解できません。

私は、彼らの目つきや無言のプレッシャーから、責めや非難を感じたことがあります。

父よ、あなたはそのようではありませんから、感謝します。

あなたは、世界中にたくさんの放蕩の子らを持つことがどういうことかを知っておられます。

そして、唯一、一人の子、あなたの御子、私たちの救い主だけが正しいことをなさいました。

あなたは、私たちをあまりにも愛してくださったので、私たちすべてのために、御子をお渡しになりました！（ローマ八・三二）

あなたが「御子を世に遣わされたのは、世をさばくためではなく、御子によって世が救われるため」（ヨハネ三・一七）であったことを、感謝します。

あなたが私の息子を、責めや非難ではなく、愛をもって見てくださることを感謝します。

あなたはエルサレムの人々を慕ったのと同じように、私の息子もあなたの御元に来るようにと慕っておられます。

あなたは、私が測り知ることもできないほどの深い思いでもって、私の息子があなたの御元に来るようにと待ち望んでおられます。

主よ、私はあなたのために、そして彼のために、彼があなたの御元に来るようにと祈ります。彼が、今が「恵みの時」であり「救いの日」（第二コリント六・二）であるのだと理解できますように、そして、彼が彼の心を完全にあなたに明け渡しますようにと、私は祈ります！

第六週　ただ、おことばを下さい

イエスがカペナウムに入られると、一人の百人隊長がみもとに来て懇願し、「主よ、私のしもべが中風のために家で寝込んでいます。ひどく苦しんでいます」と言った。イエスは彼に「行って彼を治そう」と言われた。しかし、百人隊長は答えた。「主よ、あなた様を私の屋根の下にお入れする資格は、私にはありません。ただ、おことばを下さい。そうすれば私のしもべは癒やされます。

と申しますのは、私も権威の下にある者だからです。私自身の下にも兵士たちがいて、その一人に『行け』と言えば行きますし、別の者に『来い』と言えば来ます。また、しもべに『これをしろ』と言えば、そのようにします。」

イエスはこれを聞いて驚き、ついて来た人たちに言われた。「まことに、あなたがたに言います。わたしはイスラエルのうちのだれにも、これほどの信仰を見たことがありません。

あなたがたに言いますが、多くの人が東からも西からも来て、天の御国でアブラハム、イサク、ヤコブと一緒に食卓に着きます。

しかし、御国の子らは外の暗闇に放り出されます。そこで泣いて歯ぎしりするのです。」

それからイエスは百人隊長に言われた。「行きなさい。あなたの信じたとおりになるように。」

すると、ちょうどそのとき、そのしもべは癒やされた。（マタイ八・五～一三）

私の一人の兄は、私たちが高校生だったとき、後になって後悔するある決断をしました。彼はストリーキング（全裸で外を歩き回ること）をしてみようと決めたのです。

ある晴れた土曜日の午後、母が静かに読書していたとき、彼は、彼の双子の兄と私を玄関に召集しました。彼はタオルだけを身にまとい、自分の計画を注意深く説明しました。

「俺はカーブの所まで裸で歩くつもりだ。お前たちはお母さんをよく見張ってろよ。俺が三まで数えたら、裏のドアまで走って行け。お母さんが近くにいたら、俺が絶対そこから入っていかないように注意しろよ。分かったか」

私たちは同意してうなずきました。「オーケー！」

「一、二、三、今だ！」

タオルが落ちました。

彼は弾むようにドアから出て行きました。そして、私たちは玄関のドアの鍵を閉めました。私たちはそのドアだけでなく、彼が「ネイチャーウォーク」を楽しんでいる間に、家中のすべてのドアの鍵を閉めました。一分もしないうちに、彼は戻ってきて、鍵のかけられたドアを開けようとしました。

ドアを叩く音が、聖書のたとえ話の中の何かに聞こえました。しかし、その騒音は、事態を悪化させるだけで、彼の兄弟たちが、大声でこう叫ぶ結果となりました。「お母さん、ドアに誰かいるよ」。

母はドアを開けました。しかし、兄は、その悪事に対する罰を受けることはありませんでした。母は大笑いし、私が思うに、笑い終えた後で、兄はすでに罰を十分に受けたと考えたのでしょう。

時として、子どもたちは、間違って悪い人たちを信頼してしまい、それによって問題に陥ってしまいます。しかし、私たちは、病気のしもべを持つ百人隊長の話の中に、誰を信頼できるのかという美しい例を見ることができます（マタイ八・五〜一三）。

イエスがカペナウムに入られると、「一人の百人隊長がみもとに来て、(助けを求めて）懇願し」ました（マタイ八・五）。彼のしもべはひどい病気で、体は麻痺しており、苦しんでいました。イエスはすぐに約束してくださいました。「行って彼を治そう」（マタイ八・七）。

百人隊長は、驚くべき応答をしました。「主よ、あなた様を私の屋根の下にお入れする資格は、私にはありません。ただ、おことばを下さい。そうすれば私のしもべは癒やされます」（マタイ八・八）。

少なくとも百人の兵隊たちを支配するように任せられていたその隊長は、命令を与えることに慣れていました。彼は、遣わされた地方で、カイザルの権威を代表していました。彼に背くことは、皇帝に背くことと同じでした。

百人隊長は、同じような権威をイエスに見ていました。ただ、イエスの権威は神からきていました。そして、百人隊長は、それを知っていました。ですから、彼はこう言ったのです。「主よ、あなた様を私の屋根の下にお入れする資格は、私にはありません」と。

聖書の中で、イエスが「驚かれた」と述べられている箇所は、二か所しかありません（もう一つの箇所は、マルコ六章六節の、イエスの故郷の人々に対してです)。両方の箇所が、信仰に対しての驚きです。イエスの故郷では、イエスは不信仰に対して驚かれ、それゆえ、奇跡はなされませんでした。

ここに、他国の占領軍を代表している異邦人がいました。しかし、彼は、イエスが遠く離れた場所からも、約束したことを果たすことができると信じていました。「ただ、おことばを下さい。そうすれば私のしもべは癒やされます」。

そのような信仰は、イエスから驚くような応答を呼び出しました。「行きなさい。あなたの信じたとおりになるように」。

ここで、私たちが決して見過ごしてはならないことが起きました。イエスは、元々ご自身が行うと言われたことの代わりに、その男が「イエスにはおできになると信じたこと」を行ったのです。そして、マタイはこう書き記しています。「すると、ちょうどそのとき、そのしもべは癒された」。

あなたは、自分の放蕩息子や放蕩娘のために、イエスには何ができると信じますか。気落ちして、私たちの状況が私たちの信仰(または不信仰)を形作るままにするのは簡単です。しかし、もし私たちが、この百人隊長の体験を心に留めるならどうでしょう。もし私たちが、救い主の偉大さと力をもっと信じるならどうでしょう。ただ、イエスからの一言が、私たちの放蕩の子どもたちの人生を永遠に変えることができるのです。

イエスにもっと信頼するなら、そして彼には「私たちが願うところ、思うところのすべてをはるかに超えて行うこと」ができる（エペソ三・二〇）と信じるならどうでしょう。結果として、どのような変化が私たちの放蕩の子の人生に起こり得るでしょうか。

一つ確かなことは、イエスは、そのような信仰を好まれるということです。

そして、あなたはそのような信仰でイエスを驚かせたくは（喜ばせたくは）ありませんか。

暗闇の君はにやりと笑う
私たちは震える、が、彼に対してではない
私たちは彼の怒りには耐えられる
なぜなら、彼の終わりは確かだから
たった小さな一言で、彼は滅ぼされる
――マルティン・ルター『私たちの神は力強いやぐら』（*A Mighty Fortress Is Our God*）

第三十六日　鎖が崩れ落ちるために

主は彼らを闇と死の陰から導き出し　彼らのかせを打ち砕かれた。（詩篇一〇七・一四）

主よ、あなたは多くの鎖を打ち砕かれました！

あなたは牢獄の中で、ヨセフにもそうなさいました（創世記四一・一四）。

あなたは、あなたの民をパロから解放されたときにもそうなさいました（出エジプト一二・五一）。

あなたは、ダニエルにもそうなさいました（ダニエル三・二六）。

あなたはあなたの民をバビロンから連れ出されました（エズラ二・一）。

あなたは、ペテロのために、牢獄の中へ御使いをも遣わされました。

「すると、鎖が彼の手から外れ落ちた」（使徒一二・七）

主よ、私の息子も鎖につながれています。

それらは鉄でできた鎖ではありません。それらは彼が、自分にもっと自由をもたらすであろうと勘違いし、自分の意志で犯した罪でできた鎖です。

それらは彼に何ももたらさず、ただ、彼を鎖につないだだけです。

それらは、彼があなたに近づくことを阻止しただけです。

あなたは約束してくださいました。「子があなたがたを自由にするなら、あなたがたは本当に自由になるのです」（ヨハネ八・三六）。

あなたのみことばはこう語っています。

「主は捕われ人を解放される」（詩篇一四六・七）

主よ、彼を解放してください！

彼はあなたに鎖を打ち砕いてもらう必要があります。

鎖が鈍い音を立てて崩れ落ちるのを聞かせてください。もう二度とつながれないように。

私は、息子が、「主が（私のために）大いなることをなさったので（私は）喜んだ」（詩篇一二六・三）と言うのを聞けるようにと慕い求めます。

私は、彼があなたに、「私はあなたの仰せの道を走ります。あなたが私の心を自由にしてくださったからです」（詩篇一一九・三二＊訳注・NIVよりの日本語訳）と言うのを待ち望みます。

あなたへの従順が最高の自由であるということを、息子が理解できるように、どうか助けてください。なぜなら、あなたへの従順によって、彼はあなたが初めから意図して創造された人物になることができるのですから。

「この世と調子を合わせる」（ローマ一二・二）ことは、「滅びの束縛」（ローマ八・二一）という最悪の奴隷になるのだと、彼が理解できるように助けてください。

父よ、私には、彼が直面しているほんの一部のチャレンジしか見えていません。でも、あなたはすべてを見ておられます。

あなたが彼の鎖を一つずつ打ち壊してくださいますようにと、私は祈り求めます。

そうして、彼が、あなたに立ち返りますように。

私は祈ります。かつて、彼を捕えていたものがその力を失い、それらは「悪魔の罠」（第一テモテ三・七）であるのだと、彼が理解できますように。

「悪魔に捕えられて思うままにされている」彼が、「目を覚まして、その罠を逃れる」ことができますようにと、私は祈ります（第二テモテ二・二六）。

父よ、あなたは多くの人々を解放して自由にしてくださいました！　あなたが、私の息子にも同じようにしてくださいますようにと、私は祈り求めます。

どうか彼が、あなたに、「私の心は主に拠り頼み　私は助けられた。私の心は喜び躍り」（詩篇二八・七）ますと言いますように。

主よ、彼がこおどりして喜びますように！　彼が鎖から抜け出して、まっすぐにあなたへと、信仰のジャンプをさせてくださいますように。

第三十七日　正直な答えのために

正しい（正直な）答えをする者は、そのくちびるに口づけされる。（箴言二四・二六＊訳注・カッコ内NIVよりの日本語訳）

主よ、私は正直な答えを覚えています。

私の息子がまだ小さかった頃、彼は物事を正直に語っていました。

私はそれらの時が大好きです！　大人が決して聞かない純真無垢《むく》な質問、疑う余地のない「事実のみ」の声明。

父よ、私は息子が正直になれるようにと祈ります。最近、彼は正直と戦っています。彼が「神の前にも人の前にも責められることのない良心」（使徒二四・一六）を努めて保ち続けることができるように助けてください。

私はあなたにお願いします。不誠実が自分と他人との関係をどれだけ傷つけるのか、彼が理解できるように、どうか助けてください。

「誠実に歩む者の歩みは安全だが、自分の道を曲げる者は思い知らされる」（箴言一〇・九）という事実を、彼が把握することができるように助けてください。

父よ、彼が他人の目をまっすぐに見て「真実を語」る（ゼカリヤ八・一六）、高潔な人物になるのを望みますように、どうか恵みを与えてください。

彼が私に対して正直でなかったからという理由で、私が少しでも真理を妥協してしまおうとしないように、私が彼に対して正直であるように、どうか助けてください。

信頼されるためには、信頼できる人物にならなくてはならないということを、どうか彼が理解できますようにと、私は祈ります。

彼は私に信頼してほしいと願っています。あなたが彼を助けてくださって、彼が自分の願っていることと、自分の行いとの間に矛盾があるのが見えるようになりますようにと、私は祈ります。

彼が、「非難されるところのない純真な者となり、また、曲がった邪悪な世代のただ中にあって傷のない神の子ども」（ピリピ二・一五）となれるよう、助けてください。

主よ、あなたが「最も小さなことに忠実な人は、大きなことにも忠実である」（ルカ一六・一〇）と言われたとき、あなたが何を意味したのかを息子が理解できるように、彼の心に触れてください。

大きなことと同様に、小さなことにも正直であるように、彼を助けてください。

時として、彼のしたことを私が認めないと彼は知っており、彼が私に嘘をついているのを私は知っています。

父よ、息子が、私には隠せても、あなたには決して隠すことができないのだと理解できるように、どうか助けてください。

「あなたはご覧になる神（エル・ロイ）です」（創世記一六・一三＊訳注・NIVよりの日本語訳）

「あなたは心のうちの真実を喜ばれます」（詩篇五一・六）

あなたは私たちに、私たちが口にしたあらゆる「むだなことば」について、私たちは言い開きをしなければならないと仰せられました（マタイ一二・三六＊注釈・『聖書 新改訳』〈第三版〉）。

「わが神よ。あなたは心を試される方で、真っ直ぐなことを愛されるのを私はよく知っています」

（第一歴代誌二九・一七）

私は、彼が真理のうちを歩むようにと祈ります（第三ヨハネ三）。

そして、真理が彼のうちに宿りますようにと祈ります（第二ヨハネ二）。

主よ、あなたは真理です（ヨハネ一四・六）。そして、「あなたのみことばは真理です」（ヨハネ一七・一七）。

私は祈ります。彼が、永遠にあなたにある喜びの中で生きるために、「真理を知り」ますように、そして、真理が彼を自由にしますようにと（ヨハネ八・三二）。

第三十八日　オフ・ブロードウェイ（広い道から外れる）

狭い門から入りなさい。滅びに至る門は大きく、その道は広いからです。そして、そこから入って行く者が多いのです。いのちに至る門は小さく、その道は狭く、それを見いだすものはまれです。（マタイ七・一三、一四＊訳注・『聖書 新改訳』〈第三版〉）

主よ、彼女はもう十分見ました。

彼女の人生観に否定的な印象を与え、本当の人生から彼女を遠ざけるエンターテインメントを、もう十分すぎるほど見ました。

父よ、彼女の心と思いをつかんでいるそのメディアの力を、あなたが緩めてくださいますようにと、私は祈ります。

彼女が見る映画、彼女が聞く音楽に、彼女が気をつけることができるよう、助けてください。彼女の頭の中を埋めている流行歌の歌詞の代わりに、「あなたに罪を犯さないため」、彼女の心の中にあなたのみことばを蓄えることができるように、どうかあなたが彼女を助けてください（詩篇一一九・一一＊訳注・『聖書 新改訳』〔第三版〕）。

この世の空しさを見ることができるよう、あなたが彼女の目を開いてくださるように、私は祈り求めます。

この世のために生きる者は、「満たさないもののために」生きているのだと分かるように、彼女に知恵を与えてください（イザヤ五五・二）。

それがどんなに浅はかか、彼女に見せてください。

自己中心から彼女を引き上げ、彼女があなたを見られるようにしてください。

まるですべてを持っているかのように見える人々がどのように生きているのか、そして、それだけでなく、その人々が不幸であり、満たされることがなく、あなたから離れて死んでいくのかを、彼女が理解できるよう助けてください。

彼女が真剣に、「人は、たとえ全世界を手に入れても、自分のいのちを失ったら、何の益があるでしょうか」（マルコ八・三六）と尋ねる場へと、彼女を導いてください。

彼女の周りの世界は、俳優、女優、モデル、歌手などを偶像化しています。有名であることと、本物の成功との違いを、彼女が見ることができますよう、どうか助けてください。

主イエスよ、彼女があなたを自分の人生の模範として見ることができるようにしてください。あなたに「従う者は、決して闇の中を歩むことがなく、いのちの光を持ちます」（ヨハネ八・一二）。

彼女の足を「滅びに至る」広い道（ブロードウェイ）から外し、「見いだす者はまれである」、「いのちに至る」狭い道へと導いてください。

彼女の人生があなたのすばらしさを反映するようにしてください。そうして、彼女が、「栄光から栄光へと、主と同じかたちに姿を変えられて」いきますように（第二コリント三・一八）。

「すべて正しいこと、すべて清いこと、すべて愛すべきこと、すべて評判の良いこと」、彼女が「そのようなことに心を留める」ことができるよう、どうか助けてください。

そうすれば、「平和の神」が、彼女とともにいてくださいます（ピリピ四・八、九）。

私は祈ります。彼女が、人生の本当の目的は、面白おかしく楽しむことではなく、あなたと「ともに歩む」ことである（黙示録三・四）とわかりますように。

私は祈ります。今日も、いつも、彼女も、私も、「私たちのたましい」が、「あなたの御名、あなたの呼び名」を慕い求めるようになりますようにと。

第三十九日　舌を制御する

どのような種類の獣も鳥も、はうものも海の生き物も、人類によって制せられるし、すでに制せられています。しかし、舌を制御することは、だれにもできません。それは少しもじっとしていない悪であり、死の毒に満ちています。（ヤコブ三・七、八＊訳注・『聖書 新改訳』〈第三版〉）

主よ、どこを向いても汚い言葉だらけです。

学校でも、職場でも、多くのエンターテインメントの世界でも。

そして、この世はそれを受け入れているので、彼も同じように考えるようにと誘惑されています。

彼の口から出てくるものは、単なる言葉だけではなく、「心に満ちていることを口が話す」のであると彼が理解できるように、彼を助けてくださるようにと、私は祈ります（マタイ一二・三四）。

悪態をつくことは、彼を強くて男らしい者にするのではなく、その逆にするのだと分かるように助けてください。

それは、あなたを冒瀆《ぼうとく》し、品性が欠けていることと自制のなさを表しています。

それは、この世の言葉をオウムのように繰り返して言っているにすぎず、想像力のなさを示しています。

主よ、彼が言葉にもっと注意深くなれるよう、助けてください。

あなたは、「人は、口にするあらゆる無益なことばについて、さばきの日に申し開きをしなければなりません」（マタイ一二・三六）と言われました。

私はあなたにお願いします。彼が耳にするすべての汚い不適格な言葉に対して、彼の意識を敏感にしてくださいますように。

彼がそれらを拒絶するようにしてください。そうして、彼の耳に襲いかかってくる音楽や映画や友人に対して魅力を感じなくなりますように。

この世と妥協しないように、彼を助けてください。「あらゆる形の悪から離れ」る（第一テサロニケ五・二二）ことができるように、彼に恵みを与えてください。

「良い人は良い倉から良い物を取り出し、悪い者は悪い倉から悪い物を取り出」すのであると、彼に思い起こさせてください（マタイ一二・三五）。

彼が心と思いにあって堅く立ち、「信仰と健全な良心を保ち、立派に戦い抜く」（第一テモテ一・一八）ようにと、私は祈ります。

父よ、彼には自分でそうすることができません。

あなたのみことばは、「舌を制御することは、だれにもできません」と言っています。しかし、あなたにはおできになります。あなたは、彼をあなたの霊で満たすことがおできになります。もし、彼があなたにゆだねさえすれば。私は彼がそうしますようにと祈ります！

そうすれば、彼は、「すべての汚れやあふれる悪を捨て去り、心に植え付けられたみことばを素直に受け入れ」ることができます。そして、「みことばは」彼を「救うことができ」ます（ヤコブ一・二一）。

そうすれば、そのとき、「神の御霊が（彼の）うちに住んでおられる」ので、彼は「生まれつきの罪の性質によってではなく、御霊によって制せられる」でしょう（ローマ八・九＊訳注・ＮＩＶ

よりの日本語訳)。

私は祈ります。堰《せき》をきって口から出てくる汚い言葉の代わりに、彼があなたを信じることにより、彼の「心の奥底から、生ける水の川が流れ出るように」なりますように!

第四十日　走り去れ！

淫らな行いを避けなさい（不品行から逃げなさい）。人が犯す罪はすべて、からだの外のものです。しかし、淫らなことを行う者は、自分のからだに対して罪を犯すのです。あなたがたは知らないのですか。あなたがたのからだは、あなたがたのうちにおられる、神から受けた聖霊の宮であり、あなたがたはもはや自分自身のものではありません。あなたがたは、代価を払って買い取られたのです。ですから、自分のからだをもって神の栄光を現しなさい。（第一コリント六・一八～二〇＊訳注・カッコ内NIVよりの日本語訳）

主よ、彼の周りはそれでいっぱいです。インターネット上でも、テレビでも、雑誌でも、彼が毎日出会う人々の中でも。彼が行くところのどこででも、性的不品行は、その毒の爪を彼に伸ばしています。

あなたのみことばは、私たちは「悪魔の策略に対して堅く立つことができる」（エペソ六・一一）と言っています。

しかし、性的不品行に関しては、あなたは私たちに「逃げなさい」と言われます！父よ、彼がその危険を見て、走り去ることができますよう、恵みを与えてください！性的不品行は、彼の身体的な健康を脅かし、彼の「たましいに戦いを挑む」（第一ペテロ二・一一）のだと、彼が理解できるように助けてください。

彼が、「地にあるからだの部分、すなわち、淫らな行い、汚れ、情欲、悪い欲、そして貪欲を殺して」しまうことができるように助けてください。「貪欲は偶像礼拝」なのですから。このようなことのために、「神の怒り」が下るのだと、彼が理解できるように助けてください（コロサイ三・五、六）。

あなたは「これらすべてのことについて罰を与える（正しくさばかれる）」（第一テサロニケ四・六）のだと、彼が理解できるように、恵みを与えてください。

私は、彼が「敬虔と恐れをもって」（ヘブル一二・二八）あなたに立ち返りますようにと祈ります。そして、彼に「神への恐れが生じて」、彼が「罪を犯さない」ようにと、祈ります（出エジプト二〇・二〇＊訳注・『聖書 新改訳』（第三版））。

彼が、「自分のからだを聖なる尊いものとして保つ」ことをわきまえるようにと、私は祈ります（第一テサロニケ四・四）。

彼が、「情欲を抱いて女を見る者はだれでも、心の中ですでに姦淫《かんいん》を犯した」（マタイ五・二八）のだと知って、顔を背けることができるように助けてください。

誘惑が、「一緒に寝ましょう」（創世記三九・一二）と言うとき、彼が走って逃げ去り、後ろを振り向くことがないようにしてください。

父よ、清潔と純真無垢が、価格を付けることのできない貴重な価値があることを、彼に教えて下さい。

「淫らな行いをする者」は「神の国を相続することができない」（第一コリント六・九、一〇）ことを、彼が心に留めることができるように、助けてください。

情欲は愛ではないということを、そして、愛はあなたの創造の賜物であるのだということを、彼が理解しますようにと、私は祈ります。

なぜなら、あなたが愛を創造されたのですから、彼がその愛をもって、あなたに栄光を帰すようになりますようにと祈ります。

彼が犯した間違いが何であれ、あなたの優しさが彼を「悔い改めに導く」（ローマ二・四）のだと、彼がわかりますように、恵みを与えてください。

あなたにあって、彼は新しくスタートできます！

彼の宮を清めてください。そして、彼をあなたの聖霊で満たして下さい（第一コリント六・一九）。

彼の身体も、彼の魂も、あなたに属しているのだと疑うことのないようにしてください。なぜなら、あなたは「代価を払って」彼を「買い取って」くださったのですから（第一コリント六・二〇）。

彼のために与えられたあなたのからだの代価が、彼に、彼の身体をあなたに与えるようにと、霊感を注ぎますように。

第四十一日　アルコール・薬物乱用からの解放

よく気をつけていなさい。そうでないと、あなたがたの心が、放蕩や深酒やこの世の思い煩いのために沈み込んでしまいます。（ルカ二一・三四＊訳注・英訳ＮＩＶよりの日本語訳）

主よ、彼は注意していません。

彼の心は、「放蕩や深酒やこの世の思い煩いのために沈み込んで」いるのに、彼はそれにすら気づいていません。

彼は「今を楽しんでいる」という、この世のメッセージにだまされています。彼は楽しい時を過ごしているのではないのに。

彼は見るにたえない方法で、彼の人生を複雑にしてしまいました。

「わざわいのある者はだれか。嘆く者はだれか。争いを好む者はだれか。不平を言う者はだれか。ゆえなく傷を受ける者はだれか。血走った目をしている者はだれか。ぶどう酒を飲みふける者」（箴言二三・二九、三〇＊訳注・『聖書 新改訳』（第三版））

主よ、彼はあまりにも放蕩にふけっています。彼はそれがあまりにも好きすぎるのです。

「後になると、これが蛇のようにかみつき、まむしのように刺す」（箴言二三・三二）

しかし、父よ、私はあなたをほめたたえます。あなたは「捕われ人には『出よ』と言い、闇の中にいる者には『姿を現せ』と」（イザヤ四九・九）言ってくださるお方だからです。

主よ、彼を呼び出してください！　暗闇からも、放蕩からも、どんなアルコールや薬物乱用からも、そして、これらの一因になっている人間関係からも。

主よ、私は、彼が解放されるのを見ることができます。あなたの優しさと愛の生きた証人として、ほほえみ、力強く、頭のてっぺんから足の先まで輝いているのを。

彼は、「異邦人たちがしたいと思っていることを行い、（それらに）ふけりましたが、それは過ぎ去った時で十分です」（第一ペテロ四・三）。

父よ、彼を解放してください！

私は、彼が解放されたいと望まなくてはならないと知っています。ですから、私はあなたにお願いします。自分の行いの結果を彼が見ることができるように、そして、彼がもっと良いものを望むように、彼の目を開いてください。

彼が「義に飢え渇く」ようにしてください。そうすれば、彼は、「満ち足りて」幸いだからです！（マタイ五・六）

彼が「御霊に満たされる」（エペソ五・一八）ようにしてください。

なぜなら、「主の御霊のおられるところには自由があります」から（第二コリント三・一七）。

主イエスよ、あなたは「捕らわれ人には解放を、囚人には釈放を告げ」るために来てくださいました（イザヤ六一・一）。

主よ、私の息子を助けてください。彼は中毒の囚人となっています。

私は祈ります。彼がすべての点において、「神の子どもたちの栄光の自由の中に入れられ」ますようにと！（ローマ八・二一＊訳注・『聖書 新改訳』〔第三版〕）

父よ、あなたにはこれを完全に成し遂げることがおできになりますから、私はあなたに感謝します。

あなたには彼を、「つまずかないように守ることができ、傷のない者として、大きな喜びとともに栄光の御前に立たせることが」おできになります（ユダ二四）。

あなたの喜びが彼の中で現実となりますように、そうして、彼がそれ以下の幸せを求めなくなりますように。

私は、彼があなたに「あなたは私の心に喜びを下さいました」（詩篇四・七＊訳注・『聖書　新改訳〔第三版〕』）と言う日のために、前もって、あなたをほめたたえます。

おお、父よ、今日がその日でありますように！

第四十二日　小さな勝利を賛美せよ

だれが、その日を小さなこととして蔑《さげす》むのか。（ゼカリヤ四・一〇）

父よ、感謝します。今、私の娘の人生に進歩があります。
それは誰にも見えないかもしれません。でも、それは確実にあります。
それは、あなたの御手のわざです。
これは始まりにすぎませんから、私はあなたをほめたたえます。
あなたは動き続けられ、あなたは祈りに答え続けられます。

なぜなら、もし、私たちがあなたのみこころにかなった願いをするなら、あなたはその願いを聞いてくださるからです（第一ヨハネ五・一四）。

あなたは、「だれも滅びることがなく、すべての人が悔い改めに進むことを望んでおられ」ます（第二ペテロ三・九）。

あなたは私が望む以上に、私の娘があなたの御元に行くことを望んでおられ、そして、あなたは彼女をあなたの御元へと引き寄せておられます。

父よ、私は、この「小さな事の日」（ゼカリヤ四・一〇＊訳注・口語訳）のゆえに、あなたをほめたたえます。そして、それはもっと大きな事へとつながっていきますから、私はあなたに感謝します。

「私たち信じる者に働く（あなたの）すぐれた力」（エペソ一・一九＊訳注・『聖書 新改訳』〈第三版〉）によって、私の娘が成り得る最大限の可能性に達する日を、私は楽しみにしています。

それは、あなたがイエスを死からよみがえらせたのと同じ力であり、「背きの中に死んでいた」（エペソ二・五）私をもイエスにあって生かしてくださったときと同じ力です。

あなたが私に対してそうできたなら、あなたは彼女に対しても同じようにおできになります！

あなたはすでに働いておられますから、感謝します。

父よ、今、私はそれを見ることができます。私の娘の人生の中の、この小さな一歩の前進のゆえに、私はあなたを賛美します。この一歩は、後にもっとたくさんのステップにつながる最初のステップです。

「信仰は、望んでいることを保証し、目に見えないものを確信させるものです」（ヘブル一一・一）

信仰によって、私は娘があなたに近づいていくのを見ます。あなたに赦され、救われ、癒され、自由にされるのを。

私には、あなたが、他の人を「闇の中から、（あなたの）驚くべき光の中に」（第一ペテロ二・九）招くために、彼女の犯した間違いを用いてくださるのが見えます。

今日の勝利のゆえに、私はあなたを賛美し、それをサムエルの言葉とともに印付けます。「ここまで主が私たちを助けてくださった」！（第一サムエル七・一二）

やがて来る日々のゆえに、感謝します。その中で、あなたは彼女をさらに助けてくださいます！

私を「贖う方は強い。その名は万軍の主」（エレミヤ五〇・三四）。

主よ、働き続けてください！　私の祈りを聞いてくださって感謝します！

彼女のうちに「良い働きを始め」てくださったあなたが、「それを完成させてくださる」と、私は堅く信じています（ピリピ一・六）。

その日が来るまで、私が信仰の戦いを「立派に戦い抜く」（第一テモテ一・一八）ために、どうか恵みを与えてください！

第七週　我に返る

彼は我に返って言った。「父のところには、パンのあり余っている雇い人が、なんと大勢いることか。それなのに、私はここで飢え死にしようとしている。」（ルカ一五・一七）

エスターは息子のことを心配していました。エドウィンはまだ三歳で、五人の子どもたちの末っ子で、そして、重い病気にかかっていました。

地元の医者は、その病気についてあまりよく分かっていませんでしたが、彼も同様に心配していました。医者は、白血病を疑っていました。さらなる検査のためにエドウィンは病院に連れられて行きましたが、その検査結果は医者が恐れていたことを確証するものでした。急性白血病です。

当時は大恐慌のただ中であり、白血病に対する効果的な治療法が見つけられる何十年も前のことでした。輸血が必要となり、エドウィンの父親であるジャスパーの血液型が適合しました。

ジャスパーは医者が許可する限りの血液を雄々しく与えました。しかし、エドウィンの病状は悪くなっていきました。ジャスパーとエスターは希望にすがりつき、熱心に祈りました。エスターは夜通しエドウィンの側にいて、見守り、祈り、自分の小さな息子を懸命に看病しました。

ある深夜、静かな部屋で、エスターは特徴的な歌声を聞きました。彼女は、その歌詞はよく聞き取れなかったけれど、今まで聞いた中で最も美しい音楽であったと説明しています。それは彼女の魂を鎮め、彼女の思いから心配をぬぐい去りました。ベテルでのヤコブのように、彼女は自分が「天の門」に、まさしく神のご臨在の中に立っているのだと気づきました。翌朝、エスターはジャスパーに言いました。「何が起こっても大丈夫。私にはただそう分かるの。昨夜、私は天使たちが歌うのを聞いたから」。

その日、エドウィンは死にました。頻繁な輸血で弱っていたジャスパーは肺炎を発症し、その数か月後、三十九歳でこの世を去りました。そのとき、エスターは妊娠していました。お腹にいた子は、自分の父を知ることがありませんでした。

エスターは生涯再婚しませんでした。機会がなかったわけではありません。彼女は輝く青い目をした若くて美しい女性でした。

エスターは神に対して一度も苦々しい思いを抱くことはありませんでした。彼女は神への信仰を守り続け、彼女が信じる神は彼女の信仰を守り、その生涯を終えるまで一切の必要を備えてくださいました。

私がエスターに出会ったときには、その髪は白髪になっていましたが、まだ輝くような青い目をしていました。彼女は私にイエスのことを語り、この地上で一番美味しいホームメイドのドーナツを作ってくれました。

エスターは私の母方の祖母です。

神がご自身の民に与えてくださる強い力があります。それは、疑いようもありません。神の存在を離れては、理由づけることも、理解することもできません。パスカルが書いたように、「心には理性でわからない理由がある」[*1]のです。あるとき、あなたは、神が真実であることを示してくださるとわかります。信仰による祈りと、神の霊が私たちに触れてくださることによって、神は私たちに、「キリスト・イエスにあって」、私たちの心と思いを守る「すべての理解を超えた神の平安」の賜物を与えてくださいます（ピリピ四・七）。

ですから、祈りは「クリスチャンの欠かせない呼吸」なのです。神は、私たちが祈らなければ決して出くわさなかった恵みを与えるために、祈りを用いられます。放蕩の子を持つ親にとって、祈りは命綱です。祈りを通し、私の祖母が息子の死の床で超自然的な力を得たように、子どもたちの魂が救いを必要としているとき、神はその親たちに力を注ぐために祈りを用いられます。

その命綱は、私たち親を通って子どもたちへと動きます。神は子どもたちがどこにいようとも、彼らに届くように、私たちの祈りを用いられます。そして、子どもたちの人生に、私たちが祈らなければ起こらない良いことを成し遂げるために、私たちの祈りを用いられます。距離に関係なく、「主の手が短くて救えないのではなく」、「その耳が遠くて聞こえないのではな」くて（イザヤ五九・一）、放蕩息子は、遠い国で、「我に返った」のです（ルカ一五・一七）。

放蕩の子を持つ親も、同じように「我に返る」かもしれません。特に、祈りがどこにあるのかと考えると。神はしばしば、私たちがチャレンジを強いられる状況の中で動かれます。そして、私たちが以前にも増して祈るようにさせます。神は私たちをご自身の元に引き寄せ、神だけにおできになることを見せるために、私たちの祈りを用いられます。神は、私たちの「霊的感覚」を鋭く磨き、私たちがどうしようもなく必要としている平安を与え、霊的に見えていなかったために今まで可能であるとわからなかった新しい力を与えてくださいます。

私たちは天使が歌うのを聞くかもしれません。

イエスはこう言われました。「一人の罪人が悔い改めるなら、神の御使いたちの前には喜びがあるのです」（ルカ一五・一〇）。そして、神の臨在の御元では、私たちに必要なすべての助けがあるのです。

祈りはクリスチャンに欠かせない呼吸であり、
クリスチャンの自然な空気である。
死の門での合い言葉、
彼は祈りによって天国に行く。

——ジェームズ・モンゴメリー『祈りは魂の誠実な願望』（*Prayer Is The Soul's Sincere Desire*）

＊1　パスカル『パンセ』セクション5、ナンバー277よりの訳者訳。左記サイトにて観覧可能。

http://www.ccel.org/ccel/pascal/pensees.v.html

なお、左記の日本語版の訳では、「心情は、理性の知らないそれ自身の道理を持っている」。

パスカル『パンセ』由木康訳（白水社）一一九頁

第四十三日　後悔することを口にしたとき

主よ　私の口に見張りを置き　私の唇の戸を守ってください。（詩篇一四一・三）

主よ、私はまたやってしまいました。私は怒って子どもに話しました。そして、それは正しい反応ではありませんでした。彼女の人生の中の悪に対し、私が怒るのを許されているときがあると知っていますが、あなたのみことばは同時にこう言っています。「怒りの中で罪を犯すな」（詩篇四・四＊訳注・ＮＩＶよりの日本語訳）。

私は行き過ぎてしまいました。そして、言うべきでないことを言ってしまいました。

主よ、赦してください。そして、私に新しい恵みを与えてください。

あなたは「へりくだった者には恵みを」与えてくださるお方ですから（箴言三・三四）、私はあなたの御前にへりくだり、あなたが私に「はるかにまさる道」（第一コリント一二・三一）を示してくださるようにと願い求めます。

私は、「たとえ私が人の異言や御使いの異言で話しても、愛がなければ、騒がしいどらや、うるさいシンバルと同じです」（第一コリント一三・一）と知っています。

また、私は、「人の怒りは神の義を実現しない」（ヤコブ一・二〇）と知っています。

ですから、私はあなたに、私にとって難しいことができるように、私が子どもからの赦しを求めることができるように、あなたが私を助けてくださるようにと願い求めます。

私は、彼女が私の謝罪を受け入れるよう、あなたが彼女にも恵みを与えてくださいますようにと祈ります。そうして、私たちの関係が癒されますように。

父よ、私は本当に、「一切のことを、愛をもって行い」たいのです（第一コリント一六・一四）。でも、私は今、子育てが本当に難しいと感じています。

私は、あなたが「私の訴え」を取り上げてくださって、「私のたましいの訴えを弁護して」くださるようにと〔哀歌三・五八、五九＊訳注・『聖書 新改訳』〔第三版〕〕、そうして、このような状況の中でも、あなたが働きかけておられるのを彼女が見ることができますようにとお願いしたいのです。

あなたは「日々　私たちの重荷を担われる」お方です〔詩篇六八・一九〕。

あなたがこの状況の中で私を支え、運んでくださいますように、そして、私に知恵を与えてくださいますようにと願い求めます。

私はあなたに感謝します。あなたは不完全な動機からの行動も取り扱ってくださって、それらを「良いこと」へと用いてくださり、「多くの人々を救う」ために用いてくださいます〔創世記五〇・二〇＊訳注・NIVよりの日本語訳〕。

「主よ　私の口に見張りを置いてください」〔詩篇一四一・三〕

そうして、「義が平和をつくり出し」ますように〔イザヤ三二・一七〕。

私が「知恵を尽くして……教え、忠告」することができるように、キリストのことばを、私のうちに「豊かに住むように」しますように〔コロサイ三・一六〕。

あなたは「正義を語り、救うに力強い者」であられます〔イザヤ六三・一＊訳注・『聖書 新改訳』〔第三版〕〕。

主よ、私の娘の心にあなたの真理を語り、彼女を救ってください！

あなたはあなたに近づく者を「完全に救うことがおできになります」（ヘブル七・二五）。

主よ、彼女があなたに近づきますように！

あなたはこうおっしゃいました。「永遠の愛をもって、わたしはあなたを愛した。それゆえ、わたしはあなたを優しい愛で引き寄せ続けた」（エレミヤ三一・三＊訳注・NIVよりの日本語訳）。

父よ、愛で彼女を引き寄せてください！

私はあなたを愛しています。あなたがまず、私を愛してくださったからです（第一ヨハネ四・一九）。

私の子のためにも、同じようにしてください。

「私の口のことばと　私の心の思いとが　御前に受け入れられますように」（詩篇一九・一四）。

そうすれば、彼女の事に関する私の喜びは、「キリスト・イエスにあって増し加わるでしょう」（ピリピ一・二六）。

第四十四日　操られる

あなたがたは私に悪を謀りましたが、神はそれを、良いことのための計らいとしてくださいました。それは今日のように、（多くの人のいのちを救う）ためだったのです。（創世記五〇・二〇＊

訳注・カッコ内ＮＩＶよりの日本語訳）

主よ、またです。

私はまたうまく操られました。

私は自分の子を信じたいのですが、時々、彼はそれを自分に都合の良いように利用するのです！

彼は私に、自分を信用してほしいと望みます。そして、私はそうできたらと願っています！でも、彼を信用することが難しくなるようなことが起こるのです。

父よ、このようにうまく操っているのは私の息子だけではありません。彼こそが、敵に操られているのです。それなのに、彼はそのことに気づいてさえいません。

彼は「この世と調子を合わせ」させられているのです。「心を新たにすることによって、造り変えられ」る必要があるのに（ローマ一二・二＊訳注・口語訳）。

彼は惑わされているのです（創世記三・一三）。そして、彼のために私の心は痛んでいます。

しかし、彼の心と思いのためのこの戦いは終わってはいません。

「この戦いは主の戦い」です（第一サムエル一七・四七）。

「力と勝利は神とともにあり、惑わされる者も惑わす者も神のものです」（ヨブ一二・一六＊訳注・NIVよりの日本語訳）。

父よ、私はすでに私の息子をあなたにおささげしましたが、今また、私は彼をあなたにおゆだねします。

サタンがペテロを求めて追って行ったとき、あなたがペテロのために祈ってくださったように、主、イエスよ、私は息子の「信仰がなくならないように」と祈ります（ルカ二二・三一、三二）。

「真理の御霊」よ、私はあなたに、私の息子を「すべての真理」(ヨハネ一六・一三)へと導いてくださるようにと、そうして彼が「悪い者に打ち勝つ」(第一ヨハネ二・一三)ようにと願います。

父よ、私の息子は惑わされていますが、私は祈ります。あなたが、この状況さえも、「多くの人のいのちを救う」ための「良いことためのいへと」変えてくださいますようにと!

彼があなたに立ち返ったとき、彼が他の者をあなたに立ち返らせるようになりますように。

そのとき、私たちを「攻めるために作られる武器は、どれも役に立たなく」なります(イザヤ五四・一七)。

私は私の息子の目を見つめて、彼が「真理のうちを歩んでいる」(第二ヨハネ四)がゆえに、彼が私に真実を言っていると、私に分かる日が来ることを楽しみにしています。

それはなんという喜びでしょう!

私は、私の息子の信仰が建て直される日、彼が感謝をもってあなたに「あなたは私の救いとなられた!」と叫ぶときのために(詩篇一一八・二一)、前もってあなたをほめたたえます。

「ハレルヤ。救いと栄光と力は私たちの神のもの」(黙示録一九・一)

勝利はあなたのものです、そして、祝福は私たちのものです!

アーメン。

第四十五日　夜の歌

昼には　主が恵みを下さり　夜には　主の歌が私とともにあります。私のいのちなる神への祈りが。(詩篇四二・八)

私は眠れません。そして、主よ、あなたはそれがなぜかをご存じです。

私は子どものことが心配なのです。

私はあなたが自分のいのちのことで心配しないようにと言われたのを知っています(マタイ六・二五)。でも、彼女について、あなたにお話ししてもよろしいですか?

私は彼女がまだ赤ちゃんだったときのことを覚えています。そして、そのときはまだ本当に簡単でした。そのときの日々を感謝します。それらの日々はギフトでした！

でも、父よ、私たちの今の状況を、あなたはご存じです。

私はこのような時が来るとは、まさかこのような状況が来るとは、思いもしませんでした。どの親が、自分たちの子どもが放蕩の年月を通ると考えるでしょうか？

私はずっと、このようなことは他の人々に起こることだと思っていました。

そして、私は時々、どうしてそうなったのかという理由をあまりにも単純に結論づけていたことを認めなければなりません。

その親たちが本当にどういうところを通っているかを知らずに、誰か別の人の子どもたちを自分たちの頭の中の思いで育てることは簡単ですよね。

主よ、私と娘は、今夜対立しています。そして、私たちにはどうしようもなくあなたが必要なのです。

私には、私の心と思いをあなたにあって守るために、人の「すべての理解を超えた」あなたの平安が必要です（ピリピ四・七）。

彼女には、彼女の道を照らし、「闇から光に」導くために、あなたの光が必要です（使徒二六・

一八）。

主イエスよ、あなたは「世の光」です（ヨハネ八・一二）。

そして、今夜、あなたは私の光です。

あなたは、「夜には歌を与えてくださる私の造り主なる神」です（ヨブ三五・一〇＊訳注・NIVよりの日本語訳）。

今夜、私はあなたのみことばの約束の上に立ちます。

「見よ、神は私の救い。私は信頼して恐れない。ヤハ。主は私の力、私のほめ歌。私のために救いとなられた」（イザヤ一二・二）

私が「どうすればよいのか分からない」とき（第二歴代誌二〇・一二）、私に必要な導きを得るために、私はあなたを見上げることができますから、感謝します。

あなたは「道であり、真理であり、いのち」です（ヨハネ一四・六）。

「いのちの泉はあなたとともにあり　あなたの光のうちに　私たちは光を見るからです」（詩篇三六・九）

主よ、私はこの状況をあなたの御手の中に置きます。そして、すべての思い煩い、必要、心配を、あなたにゆだねます（詩篇五五・二二）。

あなたはこう言われました。「すべて疲れた人、重荷を負っている人はわたしのもとに来なさい。わたしがあなたがたを休ませてあげます」（マタイ一一・二八）。

これは今の私のことを本当によく言い表しています。ですから、私はあなたのところに行きます。そして、信仰と祈りの中で、私は自分の娘も一緒に連れて行きます。

私はあなたをほめたたえます。なぜなら、あなたの「光は闇の中に輝いている。闇はこれに打ち勝たなかった」（ヨハネ一・五）からです。

「平安のうちに私は身を横たえ　すぐ眠りにつきます」（詩篇四・八）。

なぜなら、あなたが私の希望だからです。

あなたにあっては、将来は明るく輝いています！

第四十六日　拒絶を受け入れる

彼は蔑まれ、人々からのけ者にされ、悲しみの人で、病を知っていた。人が顔を背けるほど蔑まれ、私たちも彼を尊ばなかった。(イザヤ五三・三)

父よ、私が本当に自分の子を愛しているならば、私は娘がしたいことを何でもさせるようにはしません。それを、今、娘は理解していません。

彼女はそのことで、私に腹を立てています。そして、私たちにはあなたの助けが必要です。

彼女が怒りの中で罪を犯しませんように、そして私がしてはいけないと言ったことを選び取りませんようにと、私は祈ります。

悪魔がこれを良い機会として用いませんようにと、私は祈ります（エペソ四・二六、二七）。そうではなくかえって、キリストの平和が彼女の心を支配しますようにと願い求めます（コロサイ三・一五）。

また、私は、娘の「道を迷わせる」友人たちからあなたが彼女を守ってくださいますようにと祈ります（箴言一二・二六）。

父よ、反抗の「苦い根」が芽を出して悩ますことを、あなたがお許しになりませんようにと、私は祈ります（ヘブル一二・一五）。

逆に、「救いを生じ、義をも、生えさせ」てくださいますように（イザヤ四五・八＊訳注・口語訳）。彼女がここを通って成長し、「悪を退け善を選ぶ」（イザヤ七・一六）ようになりますようにと、祈ります。

私はあなたにお願いします。あなたが静かに彼女に語ってくださって、「主よ、あなたの道」を彼女に教えてください。そうして、彼女が「心を一つに」して「あなたの真理のうちを歩みます」ように（詩篇八六・一一）。

私が娘をどんなに愛しているかを、しかしそれ以上に、あなたがどんなに彼女を愛しておられるのかを、彼女が理解できるように、どうか助けてください。

自分の愛する者から拒絶されるということがどういうことか、あなたはよくご存じです。なぜなら、あなたはこの世に来てくださったのに、私たちはあなたを「受け入れなかった」のですから（ヨハネ一・一一）。

あなたは私たちの益のため、私たちを救って自由にするために、私たちの拒絶を受け入れることを選び取られました。

主よ、小さな次元で、私はそのことを理解し始めました。

私は彼女を愛しているがゆえに、彼女の反抗にもかかわらず、彼女が正しいことを選び取るように助けようとしているのです。

父よ、私たちのためにそのことをしてくださって感謝します。

あなたのみことばは、このことをとても明確にしてくださっています。

私たちがあなたの「敵」であったときに、あなたは「御子の死によって」私たちと和解することを選ばれました（ローマ五・一〇）。

「私たちが神を愛したのではなく、神が私たちを愛し、私たちの罪のために、宥《なだ》めのささげ物としての御子を遣わされました。ここに愛があるのです」（第一ヨハネ四・一〇）。

最愛なるイエスよ、私は新たに、私の娘をあなたにゆだねます。彼女をこの世から救ってください、主よ。そして、あなたの道ではなく、自分の道を選んでしまうという間違いから、彼女を遠ざけてください。あなたのみことばはこう言っています。「罪人を迷いの道から連れ戻す人は、罪人のたましいを死から救い出し、また多くの罪をおおう」のだと（ヤコブ五・二〇）。私を救ってくださってありがとうございます。私は祈ります。彼女も救ってください！

第四十七日　距離が引き離すとき

見よ。主の御手が短くて救えないのではない。その耳が遠くて、聞こえないのではない。（イザヤ五九・一＊訳注・『聖書 新改訳』〈第三版〉）

父よ、私の息子が、あなたがすでにおられないところに行くことはできませんから、感謝します。

彼は私から遠く離れたところにいますが、私は、あなたの「御手が救うのに短すぎるということはない」（＊訳注・英訳NIVよりの日本語訳）という約束の中に休みます。

主よ、私は祈ります。あなたが彼のいる場所で会ってくださいますようにと。彼が行くところどこでも、「前からうしろから」、彼があなたに出くわしますように（詩篇一三九・五）。

あなたへと導く「いのちの道」（使徒二・二八）へと彼の目を開き、彼をあなたの近くに引き寄せてください。

父よ、彼が家に帰ってくる道しるべのために、彼にはあなたが必要なのです。私の家にではなく、あなたとともに過ごす永遠の家にです。

遠い国で「我に返った」放蕩息子のように、あなたとの関係から引き離しているものに彼が気づきますようにと、私は祈ります。

彼が、「立って、父のところに行こう」と言いますように（ルカ一五・一七、一八）。

そして、あなたの開かれた御腕の中に走って行きますように。

彼が今いる場所さえも、あなたの愛が届かないほど遠い場所ではありません。なぜなら、「主よ　地はあなたの恵み（愛）に満ちています」から（詩篇一一九・六四）。

あなたの愛で彼を取り囲んでください。そして、すべての害から彼を守ってください。

父よ、彼が「悪魔に立ち向かい」、あなたに従えるように、「さらに豊かな恵み」を与えてください。そうすれば、悪魔は彼から「逃げ去り」ます（ヤコブ四・六、七）。彼の心を信仰で満たしてください。なぜならそのとき、彼はあらゆる方法で助けられ、あなたの御力によって「守られる」からです（第一ペテロ一・五）。

彼を助けるために、あなたが救いを相続する者に遣わしてくださる、あなたの御使いを送ってください（ヘブル一・一四）。

私は祈ります。あなたが彼に、あなたのことを知っている新しい友人たちを送ってくださいますようにと。そして、彼を迷い出させる人々から彼を守って下さいますように。「信仰の家族」（ガラテヤ六・一〇）の一員になりたいという思いを彼に与えてください。そこで、彼は励まされ、助けられ、祝福されるでしょう。

主よ、彼が歩むすべての道があなたへと導きますように。

父よ、あなたは私の祈りを聞いてくださいますから、感謝します。

あなたは私が祈り求めるよりも、それよりもっと、私に答えようとしておられますから、感謝します。

私はあなたをほめたたえます。あなたは「私たちの願うところ、思うところのすべてをはるかに超えて行うことのできる方」です（エペソ三・二〇）。

あなたがこの祈りに答えてくださる方法を、私はほめたたえます！

第四十八日　暗闇での賛美

真夜中ごろ、パウロとシラスは祈りつつ、神を賛美する歌を歌っていた。ほかの囚人たちはそれに聞き入っていた。（使徒一六・二五）

父よ、パウロとシラスがしたことは、とても美しく心を動かされます。

彼らは着物をはがされ、何度もむちで打たれ、そして、真夜中に暗い牢の中で、足には足かせをはめられていたにもかかわらず、彼らはあなたを賛美していました（使徒一六・二二、二四）。

なんと驚くような模範でしょう！　私が打ち負かされ、暗闇の中にいると感じるとき、私も彼らと同じようにできるように、どうか恵みを与えてください。

あなたの御名に栄光をささげたいのです（第一歴代誌一六・二九）。

たとえ、翌日に何が起こるかわからないようなときでさえ、私はあなたを賛美し続けたいのです。

あなたはいつでも賛美されるに値するお方です。

私があなたに近づく「気にならない」とき、そのときこそ、私はあなたを賛美する必要があります。なぜなら、あなたは「弱った手を強め、よろめく膝をしっかりさせて」くださるからです。

あなたは「心騒ぐ」者にこう言ってくださいます。「強くあれ。恐れるな。あなたがたの神が来られる」（イザヤ三五・三、四＊訳注・ＮＩＶよりの日本語訳）。

夜に、自分の子は無事だろうかと心配するとき、私は「あなたの前に祈る勇気を得」ます（第一歴代誌一七・二五＊訳注・口語訳）。

自分の家族が危機のただ中にあるとき、ちょうどダビデが「自分の神、主によって奮い立った」ように、あなたが私に耐え抜く力を与えてくださると、私は知っています（第一サムエル三〇・六）。

私の心は申します。「『わたしの顔を慕い求めよ』と。主よ　あなたの御顔を私は慕い求めます」（詩篇二七・八）。

私は祈ります。「心を尽くしてあなたの御顔を慕い求める」ことができますように（詩篇一一九

・五八＊訳注・ＮＩＶよりの日本語訳）。

私が、自分ができる限りを尽くして子育てをしてきたのに、どうしてこんなことになってしまったのだろうかと思い巡らすとき、私は「自分自身に頼らず」、あなたにより頼みます（第二コリント一・九）。

私の祈りが、天井で跳ね返ってしまい、どこへも届かないかのように感じるときでも、私の信仰は感情に頼っているのではないことを、私はあなたに感謝します。

主イエスよ、私たちの信仰が弱いとき、あなたが「常に真実で」あり続けてくださいますから、私はあなたをほめたたえます（第二テモテ二・一三）。

私はパウロとシラスに起こったようなことを体験したことはありませんが、あなたがあのとき、彼らにあなたを賛美する力をお与えになったのであれば、あなたは「昨日も今日も、とこしえに変わることがありません」（ヘブル一三・八）から、私のためにも同じようになさることがおできになります。

あなたとともに、私たちは、私の子の人生の「勝利」を勝ち取ります（第一ヨハネ五・四）。

彼女が、私のうちにおられるあなたの御霊を見ますように。そして、それが彼女をあなたに引き寄せますように。

そのとき、私たちはともにあなたを賛美します。私たちの救い主、私たちの神を！

第四十九日　継続的な助け

神は　われらの避け所　また力。苦しむとき　そこに（いつも）ある強き助け。（詩篇四六・一

＊訳注・カッコ内NIVよりの日本語訳）

父よ、あなたはただ苦しいときのためだけの「時々の助け」ではありません。あなたは「いつもある」助けですから、私はあなたをほめたたえます！　一日も、一時間も、一分も、一瞬さえも、あなたが気遣ってくださらないときはありません。あなたはまことにすばらしい神です！　あなたは「まどろむこともなく　眠ることも」ありま

せん（詩篇一二一・四）。

あなたが見過ごされることは何もありません。「無益なことば」（マタイ一二・三六）も、私たちの心に図ることも（創世記六・五）。

私たちの「髪の毛さえも、すべて数えられています」（ルカ一二・七）。

あなたは継続的な助けを与えてくださるので、私はあなたに信頼します（詩篇一一五・一一）。

あなたの御名は「堅固なやぐら」なので、私はあなたの御元に走って行きます（箴言一八・一〇）。

あなたは私が進んで行ける力を与えてくださいます（詩篇二九・一一）。

主よ、あなたは私がなぜここにいるのかをご存じです。私はあなたのあわれみと助けを求めるために、ここにいるのです。

あなたを離れては、私は何もすることができないと、私は知っています（ヨハネ一五・五）。

私は、私の子のために、再びあなたの御元に来ています。そして、あなたが私に「息」を与えてくださる限り、私はあなたの御元に来続けます（イザヤ四二・五）。

あなたのみことばがおっしゃっていますよね。

「主に思い出されることを求める者よ、みずから休んではならない」（イザヤ六二・六、七＊訳注・

口語訳）

私が私の子のために、何度も何度も、あなたの御元に行き続けるように、あなたは望んでおられます。

あなたは私が「絶えず祈る」ように望んでおられます（第一テサロニケ五・一七）。ですから、私はこの祈りを、あなたへの「依存宣言」とします（＊訳注・英語でアメリカの「独立宣言」と反対の「依存宣言」ともじったもの）。

私の子がどのようにしてあなたに立ち返るのかを、あなたはご存じです。あなたはその日、その時をご存じです。あなたは私の子があなたに立ち返るために何が必要なのかを、正確にご存じです。

父よ、感謝します。あなたは私が私の子のために祈ることに聞き飽きたりしませんから。

主イエスよ、感謝します。あなたは私の息子を「完全に」救うことがおできになりますから、そして、私たちのために、毎日父の御元に行ってとりなしてくださいますから（ヘブル七・二五）。

聖霊よ、感謝します。私がどのように祈ったらよいかわからないとき、「ことばにならないうめきをもって」、私のためにとりなしてくださいますから（ローマ八・二六）。

私は、「あわれみを受け、また恵みをいただいて、折にかなった助けを受けるために、大胆に神の恵みの御座に近づ」きます（ヘブル四・一六）。

自分の娘のためにあなたに叫び続けた母親のように（マタイ一五・二二）、自分の息子を見てくれるようにあなたに嘆願した父親のように（ルカ九・三八）、私は私の息子のために、何度も何度もあなたの御元に行きます。

私の息子があなたの御元に走って行くまで、そして、あなたがその御腕に彼を受け入れ、彼を祝福してくださるまで、私は毎日祈り続けます。

そして、その後も、私はまた祈ります。心を尽くして、あなたに感謝し「あなたの奇しいみわざを余すことなく語り告げ、大きな声でほめたたえましょう」（詩篇二六・七＊訳注・英訳ＮＩＶよりの日本語訳）。

第八週　私たちの心に宝として留めておく

それからイエスは、いっしょに下って行かれ、ナザレに帰って、両親に仕えられた。母はこれらのことをみな、心に（宝として）留めておいた。（ルカ二・五一＊訳注・カッコ内ＮＩＶよりの日本語訳）

イエスが少年だったころのこと、マリアとヨセフはイエスをエルサレムに残したまま気づかずに帰路につきました。彼らがイエスを見つけたとき、イエスは「宮に」おられ、「教師たちの真ん中に座って、話を聞いたり質問したりしておられ」ました（ルカ二・四六）。マリアが説明を求めると、イエスはこうお答えになりました。「どうしてわたしを捜されたのですか。わたしが自分の父の家にいるのは当然であることを、ご存じなかったのですか」（ルカ二・四九）。

マリアはそのとき、イエスが何を意味されたのか、よくわかりませんでした。しかし、「何か」が起こっているのだと理解していました。何か美しいこと、何か良いことが。マリアは、神が何か働きをなさっていると理解していました。ですから、「これらのことをみな、心に（宝として）留めておいた」のです（ルカ二・五一）。

私にもいくつかの宝があります。ケイティが小さかった頃の、御父の家（＊訳注・教会）で過ごした数々の思い出という宝です。日曜日、明るい太陽に目を輝かせて、「見て。私がお父さんに作ったの！」と言って持って来た、サンデースクールで作ったクレヨンで書いたカード。賛美の間、私の隣に座り、できるだけ近くにピッタリとくっついていたこと。子どものまっすぐな信仰によってささげられたシンプルな祈り。「イエスが私を愛していると知っている」と、かわいらしく歌う小さな声。

イエスは私の小さな娘を愛していました。そして、彼女はそれを知っていました。彼女の幼子のような信仰は、シンプルで誠実で、この世に汚されていない天からの宝物でした。私もマリアのように、何かが起こっているのだと見ることができました。彼女の小さな人生の中で、神が働かれておられました。そして、そのことが、私に希望を与え続けています。

今の困難なときは、永遠には続きません。神は真実なお方です。私の娘の人生の春に育って花を咲かせた種は、いつかある日、再び花を咲かせます。

これはただ単なる希望的観測からの思いではありません。神のみことばの約束が、私に希望を与えるのです。「主の恵みは　とこしえからとこしえまで　主を恐れる者の上にあり　主の義はその子らの子たちに及ぶ」（詩篇一〇三・一七）とか、「主はいつくしみ深く　その恵みはとこしえまで　その真実は代々に至る」（詩篇一〇〇・五）というみことばの約束が私に希望を与えるのです。

私は自分の娘のために毎日祈ると決心しています。そして、娘が彼女の信仰に戻る日を、神が私以上に待ち望んで楽しみにしているという事実に慰めを得ます。

ギルバート・K・チェスタトンは、「私たちは罪を犯し、年老いてしまった。私たちの御父は私たちよりも若い」[*1]と書きました。神はいのちに満ちあふれておられるお方です。神は「世々の初め」（ユダ二五＊訳注・口語訳）からおられる方ですが、「年老いる」ことのないお方です。神の力は計り知れません。「主は永遠の神、地の果てまで創造した方。疲れることなく、弱ること」がありません（イザヤ四〇・二八）。子どもが持っている限界がないように見えるエネルギーは、神の絶えることのない、無限の力のほんの小さな反映にすぎません。

神の驚くべき力は、私の力が尽きたずっと後でも、娘を追い続けることができます。神は真実なお方なので、御父の御座の元にささげた私の祈りは、まだそのままそこにあります。そこで、神の完璧な知恵と方法で答えられるのを待っているのです。南北戦争中、牧師であり陸軍の従軍牧師であったエドワード・M・バウンズは、こう理解していました。「神はこの世界を祈りによって形付ける。祈りは死ぬことがない。祈りを発していた口は死によって閉じられるかもしれない。祈りを感じていた心（心臓）は動かないかもしれない。しかし、祈りは神の御前に生きている。そして、神はそれらの祈りをみこころに留めておられる。祈りはそれを発した者の人生以上に長生きする。年数を、時代を、世界を越えて生き続ける[*2]」。

「神は祈りにみこころを留めておられます」。神は、「決して絶えることがない」（第一コリント一三・八）永遠の愛によって、信仰によってささげられた祈りを受け取ってくださいます。

ですから、私は娘のために、神の御元に走って行きます。私は心を注いで祈ります。娘は心を神に立ち返らせる必要があると、神ご自身が、私と全く同じ思いであると知って祈り続けます。祈りという腕によって、私は娘を神の御元に連れて行きます。なぜなら、私はまだ、娘を宝として心に留めているからです。そして、私はいつも、これからもずっとそうするでしょう。

私が娘を宝として心に留めている以上に、神が彼女を宝としてみこころに留めておられます。もし、彼女の子どもの頃の信仰が、私にとって貴重で価値あるものであれば、その価値は神にとっては測り知れないものでしょう。

ですから、父よ、彼女がここにいます。私たちの貴重な宝物の子です。あなたの、私の、私たちの。

私はまた、彼女をあなたの御元に連れて行きます。

愛する神の子よ、あなたの祈りは答えられる。
それらのうちのいくつかは、おそらく、あなたのこの地上での人生の間に。
そして、それらのすべては、確実に、あなたの天国での人生の間に。
――サムエル・プライム

＊1　チェスタトン『正統とは何か』（*Orthodoxy*）六〇頁より訳者訳
なお、左記日本語版の訳では、「われわれは罪を犯し、だから老年を知っている。けれどもわれらが父は、われわれよりも若く、幼くていらっしゃるのだ」。

チェスタトン『G・K・チェスタトン著作集Ⅰ　正統とは何か』福田恆存・安西徹雄訳（春秋社）一〇〇頁

＊2　バウンズ『完全なる御業』（*Complete Works*）二九九頁

第五十日　彼女がまだ帰って来ないとき

私は荒野のはげたかのように、廃墟のふくろうのようになっています。私は眠らず、屋根の上のひとりぼっちの鳥のようになりました。(詩篇一〇二・六、七＊訳注・NIVよりの日本語訳)

主よ、またこのような夜です。
彼女はもう何時間も前に家に帰って来るはずでした。
ですから、私はこうしてここに座って待っています。
電話が鳴るのを待っています。

家の前に車の音が聞こえるのを、そして、玄関に彼女の足跡が聞こえるのを待っています。主よ、彼女とともにいてください。あなたは彼女がどこにいるのかをご存じです。父よ、彼女を見守ってください。彼女を安全に保ってください。

私の子が選び取る選択にもかかわらず、あなたがまだコントロールされていますから、私はあなたに感謝します。

「神、主よ、あなたは大いなる方です。まことに……あなたのような方はほかになく、あなたのほかに神はいません」（第二サムエル七・二二）

「あなたにとっては　闇も暗くなく　夜は昼のように明るいのです。暗闇も光も同じことです」（詩篇一三九・一二）

この瞬間にも、彼女の思いを家へと向けさせてください。

私へとだけではなく、あなたへと。

私は彼女が家に電話をかけてくることを望みますが、それよりももっと、何よりも、彼女があなたの御名を呼び求めることを望みます。

「主よ　まことにあなたは　いつくしみ深く　赦しに富み　あなたを呼び求める者すべてに恵み豊かであられます」（詩篇八六・五）

「主を呼び求める者すべて　まことをもって主を呼び求める者すべてに　主は近くあられます」(詩篇一四五・一八)

あなたはご自分を呼び求めるすべての人に豊かに恵みをお与えになり(ローマ一〇・一二)、「主の御名を呼び求める者は　みな救われ」ます(使徒二・二一)。

父よ、彼女を家に連れ帰ってください。完全な家まで。

あなたのご臨在になられるお住まいに、彼女の心があるようにしてください。

なぜなら、それこそが、彼女に必要なことですから。

主、イエスよ、私は彼女が私に従うことを望みますが、それ以上に、彼女があなたに従うことを望みます。

あなたはこう言われました。「だれでもわたしを愛する人は、わたしのことばを守ります。そうすれば、わたしの父はその人を愛し、わたしたちはその人のところに来て、その人とともに住みます」(ヨハネ一四・二三)。

また、あなたのみことばはこうも言っています。「あなたのしもべたちの子らは　住まいを定め　彼らの裔《すえ》は　御前に堅く立てられます」(詩篇一〇二・二八)。

私はこの約束を堅く握っています。主よ、今夜は今まで以上に堅く握っています。ですから、どうか、彼女を堅く握っていてください。あなたがおっしゃってくださったように。
彼女の手を取り、握ってください。
彼女の心を取り、握ってください。
そして、彼女を家へと導いてください。

第五十一日　彼の足を照らしてください

あなたのみことばは　私の足のともしび　私の道の光です。（詩篇一一九・一〇五）

父よ、あなたのみことばは驚くほどすばらしいです！

それは、人生を変える力を持っています。

それは、「生きていて、力があり、両刃の剣よりも鋭く、たましいと霊、関節と骨髄を分けるまでに刺し貫き、心の思いやはかりごとを見分けることができます」（ヘブル四・一二）。

私はあなたのみことばをなんと愛していることでしょう！

私の息子の人生に、あなたのみことばの力を解き放ってくださいますようにと、私は祈ります。

あなたの光が、彼の足下に、彼の道に照らされますように。

多くの者が、彼にどこへ行くべきか、何をするべきかと言っています。

主よ、彼はあなたの御声を聞く必要があります。

「どのようにして若い人は自分の道を　きよく保てるでしょうか。あなたのみことばに従ってそれを守ることです」（詩篇一一九・九＊訳注・『聖書 新改訳』〈第三版〉）

「あなたのみことばによって、（彼の）歩みを確かにし、どんな罪にも（彼を）支配させないでください」（詩篇一一九・一三三＊訳注・『聖書 新改訳』〈第三版〉）

ただ、あなただけが、彼を「義の道に導く」ことができ、彼の「たましいを生き返らせ」ることがおできになります（詩篇二三・三）。

彼は聖書を持っています。彼が聖書を手にとり、読みますようにと、私は祈ります！

父よ、聖書のみことばの中で、彼があなたと会いますように、そして、彼がもう長い間聞いていなかった方法で、あなたの御声を聞きますように。なぜなら、「あなたが（彼を）教えられたからです」（詩篇一一九・一〇二）。

あなたが彼の目を開いてくださって、「あなたのみおしえのうちにある奇しいことに」彼が「目を留めるようにしてください」（詩篇一一九・一八）と、私は祈ります。

あなたのみことばは、彼に「知恵を与えて、キリスト・イエスに対する信仰による救いを受けさせることができます」（第二テモテ三・一五）。

彼があなたのみことばを読むにつれ、彼の心をあなたへと引き戻してください。そうして、彼があなたとの関係において疑いがなくなりますように。

あなたのみことばへの飢え渇きを彼に起こしてください。彼の心と思いをあなたのみことばで満たしてください。

彼が毎日、あなたのみことばを読みますように。なぜなら、「人はパンだけで生きるのではなく、神の口から出る一つ一つのことばで生きる」からです（マタイ四・四）。

彼があなたのみことばの中で時を過ごすとき、彼の人生の細かな一つひとつについて、あなたが彼にどのように語ってくださるかを体験できますように。

そうして、彼が「神の人」として、「すべての良い働きにふさわしく、十分に整えられた者」（第二テモテ三・一七）となり、彼に「みことばを大胆に語らせてください」（使徒四・二九）。そうして、他の者もあなたのみことばを聞いて、あなたのみことばを愛しますように！

第五十一日　彼の足を照らしてください

第五十二日　彼女の恥をぬぐい去ってください！

聖書はこう言っています。「すべて彼に信頼するものは、恥を見ることがない。」（ローマ一〇・一一＊訳注・英訳NIVよりの日本語訳）

私には、私の娘が白い衣を着て、あなたの御前に立っているのが見えます。それは、彼女のウエディングの日です！　でも、この地上でのウエディングではありません。彼女はそこで、あなたの教会が「夫のために飾られた花嫁のように整えられ」た神の御国にいます（黙示録二一・二）。

主、イエスよ、彼女にその日が来ますようにと、私は祈ります！

その日には、彼女は、すべてあなたに信頼する者は「恥を見ることがない」と心から理解します。

主イエスよ、彼女はかつて、あなたに信頼していました。そして、私は、彼女のうちに「良い働きを始められた」あなたが、「それを完成させてくださる」と、信じています（ピリピ一・六）。

あなたがもうすぐ彼女の人生の中に動いてくださって、彼女の心を罪から立ち返らせ、あなたへと戻してくださいますようにと、私は祈ります。

あなたの御霊がこう語りかけられるのを、彼女に聞こえるようにしてください。「わたしは、あなたの背きを雲のように、あなたの罪をかすみのように消し去った。わたしに帰れ。わたしがあなたを贖ったからだ」（イザヤ四四・二二）。

霧が消え去って、明るく新しい朝がやって来ますように！

私たちがあなたに反抗して背いているときでさえ、あなたは私たちが心をあなたにささげることを願っておられます。

そして、私たちがそうするとき、あなたは私たちの罪を完全にぬぐい去ってくださいます。

あなたは私たちに「救いの衣を着せ、正義の外套をまとわせて」くださいます（イザヤ六一・一〇）。

あなたは私たちを、「聖なる者、傷のない者、責められるところのない者」として、御前に立たせてくださいます（コロサイ一・二二）。

あなたは、こうおっしゃってくださいました。「あなたは若いときの恥を忘れ」ると（イザヤ五四・四）。

そして、あなたご自身も、それを忘れることを選んでくださいました！

あなたは私たちの罪を二度と思い出さないとおっしゃってくださいました（エレミヤ三一・三四）。

主、イエスよ、あなたが私にもそうしてくださったように、私の娘の恥をぬぐい去ってください。

あなたはみことばの中で約束してくださっています。「恐れるな。あなたは恥を見ないから。恥じるな。あなたは辱めを受けないから」（イザヤ五四・四）。

私は祈ります。放蕩の子が戻って来たときには、あなたが祝宴を設けてくださるのだと、私の娘が理解しますように！

あなたは御腕を大きく広げて、彼らを喜び迎えてくださいます！

あなたの子どもになることに恥はないのだと、彼女の心の奥深くで理解させてください。

彼女が過去にどんな名で呼ばれたかは問題ではないと、彼女にわからせてください。なぜなら、いつか、あなたはあなたがお救いになったすべての者に、「新しい名」を与えてくださるからです（黙示録三・一二）。あなたの御国とあなたの愛の中で生きるすべての者に。

あなたの「尊い血」（第一ペテロ一・一九）によって、過去のすべての罪と恥がきれいに洗われますように。

彼女があなたをものすごく愛して生きますように、そうして、他の人までもがあなたに引き寄せられるほどに！

私は、彼女が選び取りをしなくてはならないと知っています。そして、私は、彼女が早く選び取りをし、「いのちを選ぶ」（申命記三〇・一九）ようにと祈ります！

彼女があなたを選び取りますようにと、私は祈ります！

第五十三日　いなごが食い尽くしたもの

いなごが食い尽くした年々を、わたしはあなたがたに償おう。(ヨエル二・二五＊訳注・ＮＩＶより の日本語訳)

「いなごが食い尽くした年々を、わたしはあなたがたに償おう」

主よ、私はこの約束が大好きです。

これは、あなたのみこころの優しさを示しています。

あなたが癒すことのできない傷はありませんから、あなたが取り戻すことのできない損失はありませんから、私はあなたをほめたたえます。

あなたは「すべてを新しく」します！（黙示録二一・五）

私は、あなたが私の子の人生のすべてを新しくしてくださる日を楽しみにしています。

あなたは彼女のために明るい将来を用意しておられます！

私は、彼女があなたに心を開き、あなたのあわれみを受け取りますようにと、祈ります。

「いなごが食い尽くした年々」さえも、あなたは祝福へと変えることができますから、私はあなたに感謝します。そして、私はあなたがそうしてくださいますようにと願い求めます！

父よ、あなたには豊かな資源があふれています。

私の子がたどった足跡は、ある日、そのすべてがあなたの御元へとつながります。

あなたは、「暗闇と死の陰に住んでいた者たちを照らし、私たちの足を平和の道に導く」（ルカ一・七九）ために来てくださいました。

イエスよ、あなたはいなくなった一匹の羊のために、九十九匹の羊を残して捜し歩かれたたとえ話をしてくださいました。

「いなくなった一匹」の羊を捜して追いかけてくださるなんて、あなたはなんとすばらしいのでしょう！

いなくなった羊を見つけたときには、あなたは「喜んで」くださいます(ルカ一五・四〜六)。敵が私の子の人生にもたらした損害を、あなたが完全に償ってくださいますようにと、私は願い求めます。そして、あなたが彼女に望んでおられるように、彼女があなたをほめたたえますように。

あなたのみことばは、「幼子と乳飲み子たちの口によって、あなたは賛美を定められました。それは、敵と復讐する者とを鎮めるためでした」と言っています(詩篇八・二＊訳注・NIVよりの日本語訳)。

父よ、私も、あなたを賛美します。

私はあなたをほめたたえます。なぜなら、あなたは彼女を無限の愛をもって愛しておられるからです。

私は彼女があなたの御元へと帰るのを待ち望んでいます。

あなたも、私以上にそれを待ち望んでおられます。なぜなら、あなたは「だれも滅びることがなく、すべての人が悔い改めに進むことを望んでおられる」からです(第二ペテロ三・九)。

主よ、今日、彼女があなたの御元へ来ますように!

彼女の心があなたの優しさに触れられ、彼女の思いがあなたの奇しさに開かれますように。

「わたしがあなたとともにいて、あなたを救い出す」（エレミヤ一・八）とあなたが言われるのを、彼女が聞きますように。

あなたが呼ぶとき、彼女が答えるようにしてください。ただ、あなただけが与えることのできる希望によって彼女が引き寄せられ、悔い改めの心をもって、あなたの御元へ走って行くようにしてください。

あなたは、「わたしを待ち望む者は失望させられることがない」と言ってくださいました（イザヤ四九・二三＊訳注・英訳NIVよりの日本語訳）。

そして、彼女は決して失望させられることはありません！

主よ、あなたは私の希望です。そして、もうすぐ、あなたが彼女の希望となることを、私は祈ります。

「あなたこそ　私の救いの神　私は　あなたを一日中待ち望みます」（詩篇二五・五）

彼女は、今はまだ知りませんが、やがてある日、あなたの「召しにより与えられる望み」を知る（エペソ一・一八）ことになりますから、そして、それゆえに、心を尽くしてあなたをほめたたえるようになりますから、私はあなたに感謝します。

第五十四日　まっすぐな道

心を尽くして主に拠り頼め。自分の悟りに頼るな。あなたの行く所どこにおいても、主を認めよ。そうすれば、主はあなたの道をまっすぐにされる。（箴言三・五、六＊訳注・『聖書 新改訳』〈第三版〉）

主よ、私には時々、自分の子どもの選択が理解できません。彼には、行いの結果としてもたらされる報い、またはその無意味さが理解できていないようです。あるいは、彼はそれを全く気にもしていないのかもしれません。父よ、彼には画期的な突破口が必要です。私は、あなたが彼をそこへと導いてくださいますようにと祈ります。

あなたは「打ち破る者」です！（ミカ二・一三）

あなたのみことばは、こう約束しています。「私は知恵の道をあなたに教え、まっすぐな道筋にあなたを導いた」（箴言四・一一）。

今日、この約束を彼のために祈ります。

彼は、他の何ものよりもあなたを認め、あなたに信頼する必要があります。

なぜなら、「主を恐れることは、知恵の初め」だからです（詩篇一一一・一〇＊訳注・『聖書 新改訳』〔第三版〕）。

私はあなたにお願いします。どうか、彼が永遠について考えられるように、あなたが彼を助けてくださいますように。

ただその瞬間のためだけに生きる以上に、人生はもっと奥深く豊かになり得るのだと、彼が理解しますように、どうか助けてください。

彼が今いる道は、彼が望む場所へとは導かないと、彼が理解できるようにしてください。

「滅びに至る門は大きく、その道は広く、そこから入って行く者が多いのです」（マタイ七・一三）

父よ、彼をその道から外れさせてください！

彼が「思慮と覚りを授け」られた「知恵のある子」（第二歴代誌二・一二）となるよう、あなたが彼に恵みを与えてくださいますようにと、私は願い求めます。

彼を、「自分の道をわきまえる」「正しい者」としてください（箴言二一・二九＊訳注・『聖書 新改訳』〈第三版〉）。

彼の道に、彼が耳を傾ける賢い人物を置いてください。

私が彼とコミュニケートできるようにしてください。そうして、彼が聞けるようにしてください。私を通して、あなたが彼に語ってくださいますようにお願いします。

あなたのみことばは、「知恵を得よ。悟りを得よ」と言っています（箴言四・五）。

また、こうも言っています。「幸いなことよ。知恵を見いだす人、英知をいただく人は。それの儲けは銀の儲けにまさり、その収穫は黄金にまさるからだ」（箴言三・一三、一四＊訳注・『聖書 新改訳』〈第三版〉）。

父よ、私は自分の息子に良いものを願います。

しかし、何よりも、あなたが彼に与えることがおできになるものを望みます。

あなたのみことばは、「神は、ご自分が良しとする人には知恵と知識と喜びを与え」ると言っています（伝道者の書二一・二六）。

父よ、あなたはこれらすべてであられるお方であり、またそれ以上であられるお方です！

私は祈ります。どうか、あなたが、彼の歩みをまっすぐにしてくださって、その一歩一歩がまっすぐにあなたへと導かれますように！

第五十五日　神の選び

今日、私は泉のところに来て申しました。「私の主人アブラハムの神、主よ。もしみこころならば、私がここまで来た旅を、どうかあなたが成功させてくださいますように。」（創世記二四・四二＊訳注・NIVよりの日本語訳）

父よ、アブラハムのしもべがイサクの妻を捜すためにささげた祈りに対し、あなたが答えられた方法は美しいものでした。

彼はあなたの導きと祝福を願っており、あなたは彼にそれをお与えになりました。

主よ、私も、私の子に対して、同じものを願います。

あなたは、彼女にとって理想の配偶者となる正しい人物をよくご存じです。この地上での理由だけでなく、天上での理由によって。

私は、彼女に、あなたがお選びになった人物をと願います。

彼女の魂にとって祝福となる男性へと、あなたが私の娘を導いてくださいますようにと、私は祈ります。

その男性が今どこにいようとも。

あなたがその男性も祝福してくださって、お互いをお互いのために準備してくださいますようにと、私は願います。

その男性が、彼女をあなたへと導く計画の一部でありますようにと、その男性があなたを愛し、あなたに「知られている」（第一コリント八・三）人物でありますようにと、私は祈ります。

私は、今、あなたがその男性の心と思いに働きかけてくださって、彼があなたのみこころを行うことができるように、「あらゆる良いものをもって」彼を整え、「御前でみこころにかなうことを」彼のうちに行ってくださいますようにと、私は願います（ヘブル一三・二一）。

その男性のうちにあなたが働きかけておられるのを娘が見て、それゆえに、私の娘があなたに引き寄せられますように。

主イエスよ、その男性が、あなただけがお与えになることができる犠牲的な愛で、私の娘を愛しますように。ちょうど、あなたが教会を愛し、教会のためにご自身をささげられたように（エペソ五・二五）。

彼らの間の愛が、ただ単なる感情だけでなく、それ以上のものでありますようにと、私は祈ります。

あなたの「全き愛」（第一ヨハネ四・一八）が彼らの間に働き、彼らが自分たちの上にあなたを認め、あなたをあがめますように。そして、彼らの結婚が、試練の時にも堅く立ち続けますようにと、私は願います。

その男性が、自分の愛する妻との「生活を楽しむ」（伝道者の書九・九）ようにと、そして、彼らの家庭にあなたの平安が留まりますようにと、私は祈ります。

彼らがともに、心を尽くして、「私と私の家とは主に仕える」と言える場へと、あなたが導いてくださいますように（ヨシュア二四・一五）。

その男性が、自分の「若いときからの妻と喜び楽しみ」みますように（箴言五・一八）、そして、私の娘が、彼にとって喜びと祝福の源となりますように。

彼らが、お互いというギフトゆえに、「喜びをもって」（詩篇一〇〇・二）あなたを賛美し、「あなたの聖徒たちの真ん中であなたを賛美」しますように（詩篇五二・九＊訳注・英訳NIVよりの日本語訳）。

父よ、私はまた、あなたにお願いします。どうか、彼らに、あなたとともに歩む子どもたちを恵んでくださいますように。そうして、私たちは「代々限りなく　あなたの誉れを語り告げ」ましょう（詩篇七九・一三）。

今この瞬間、この祈りに答えてくださるあなたの優しさと真実ゆえに、私はあなたをほめたたえます。今日だけでなく、これからの年々も！

第五十六日　疲れることがない

若者も疲れて力尽き、若い男たちも、つまずき倒れる。しかし、主を待ち望む者は新しく力を得、鷲のように、翼を広げて上ることができる。走っても力衰えず、歩いても疲れない。（イザヤ書四〇・三〇、三一）

主よ、いつか、彼女も疲れ切るでしょう。
この世とこの世の偽りの約束に。
あなたから逃げることに。

その日、彼女が、あなただけが与えることができる力を見つけ出しますようにと、私は祈ります。今は、彼女のエネルギーには限界がないかのように見えます。でも、それは永遠には続きません。「若者も疲れて力尽き、若い男たちも、つまずき倒れ」ます。

もし、彼女がつまずかなくてはならないのなら、どうかあなたの御腕の中につまずきますようにと、私は祈ります。

もし、彼女が倒れなくてはならないのなら、どうかあなたの愛に陥りますようにと、私は祈ります。

そうすれば、彼女は今までありえないと思っていた力を知るでしょう！

父よ、あなたが与えてくださる力ゆえに、私はあなたをほめたたえます。あなたは「疲れた者には力を与え、精力のない者には勢いを与え」てくださいます（イザヤ四〇・二九）。

あなたが彼女の心の中に住んでくだされば、彼女は太陽よりも明るい、制限のない、無限の、永遠のエネルギーを持つでしょう！

父よ、それがあなたです！　何ものも、あなたと比べることはできません！

彼女があなたのうちに、盗人が近寄ることも、虫が食い荒らすこともない天の宝（ルカ一二・

三二）を見つけますようにと、私は祈ります。

そうすれば、彼女の肉体が年老いて、力が尽きたときでさえも、その「心は勇気を失う」ことがないでしょう。

あなたの疲れることのないあわれみと愛によって、「私たちの外なる人は衰えても、内なる人は日々新たにされています」（第二コリント四・一六）。

彼女があなたの御元へ走って行き、「たゆまない」ようにと、私は祈ります。

彼女が走るだけでなく、舞い上がるようにと、私は祈ります！

彼女の心と思いが、あなたの不思議とすばらしさとともに空を飛びますように。

あなたの「力強い御手の下に」彼女をへりくだらせてください。そうして、あなたが彼女を高くしてくださいますように！（第一ペテロ五・六）

あなたの高く挙げられた御手の中で、彼女は舞い上がるでしょう！

あなたが彼女とともに進んでくださるので、そして、あなたが決して彼女を「見放さず」「見捨てない」ので、彼女が「強く」「雄々しく」あるようにと、私は祈ります（申命記三一・六）。

そのとき、彼女はあなたがこう言うのを聞くでしょう。「覚めよ、喜び歌え。土のちりの中にとどまる者よ」（イザヤ二六・一九）。

そのとき、私たちはともに喜び叫びます！
そして、私たちは永遠にあなたを賛美します！

第九週　答えを待つ

しかし、イエスは彼女に一言もお答えにならなかった。弟子たちはみもとに来て、イエスに願った。「あの女を去らせてください。後について来て叫んでいます。」（マタイ一五・二三）

私たちの娘が十五歳のとき、彼女は家出をしました。ケイティは学校で悪い仲間たちにはまりました。私たちは彼女をしつけ、悪い行いの報いとして、高校二年生の最後の週、学校を休ませて自宅謹慎をさせました。しかし、娘は別の計画を立てました。ある日、ケイティは玄関のドアまで走って行くと、そのまま道路に走り出ました。そして、そこで、娘の仲間が彼女をピックアップしたのです。

ケイティは三週間以上も行方がわからなくなっていました。

それは、私たちの人生で最も長い三週間でした。妻のキャリーと私は、娘を捜し回りました。友人や警察にも助けを求めました。でも、どんなに必死で頑張っても、私たちはいつも彼女よりも一足遅いかのようでした。

娘の人生は危険に陥っていました。そして、彼女はそれを知りもしませんでした。ある日、キャリーと私は、とあるアパートの一室で、武装した麻薬密売人の間に座っていました。彼らは、ケイティの友人の顔見知りで、その少し前にケイティを見かけたと言うのです。後になって、私たちは、ケイティが乗っていた車が事故に遭い、その車はひっくり返り、他の同乗者たちは怪我《けが》を負ったこと、そして、警察が事故現場に到着したときには彼女が事故現場から去った後だったことを知りました。

長く続いた絶望的な日々の中で、キャリーと私は、自分たちの愛する者のために、祈りの中で神を待つことの重要さを学びました。[*1] 私たちには他に選択肢がありませんでした。私たちは自分たちの力と資源の限界に達し、神に頼るしかありませんでした。私たちが祈れば祈るほど、捜索は効果的になっていきました。

私たちが娘を見つけたのは父の日でした。キャリーと私はレストランの駐車場におり、夕飯を食べに行くところでした。そのとき、電話が鳴りました。別のレストランのウエイトレスが娘を見かけたと言うのです。ケイティは三ブロックしか離れていない所にいたのです。まもなく、私たちは彼女を無事に家に連れ帰ることができました。

神はいつも祈りに答えられます。答えは「よし」か「否」か「待て」です。答えが「待て」のとき、神の答えが全くないかのように困惑しがちです。

聖書の中で非常にチャレンジングな話の一つが、イエスとカナン人の女との出会いです。この女は、「主よ、ダビデの子よ。私をあわれんでください。娘が悪霊につかれて、ひどく苦しんでいます」と叫び声をあげてイエスの御元に来ました。

チャレンジングな箇所は、この次の節です。「しかし、イエスは彼女に一言もお答えにならなかった」(マタイ一五・二二、二三)。

なぜでしょうか。イエスはこのカナン人の女やその娘のことを気にかけなかったのでしょうか。イエスは「悪魔のわざを打ち破るために」(第一ヨハネ三・八)来られたのではなかったですか。イエスは何をしておられたのでしょうか。

イエスの沈黙は多くを語っています。私たちは祈るとき、神を待ち望まなくてはなりません。神がどのようにお答えになるのかはわからないかもしれませんが、常に神を待ち望み、心を神に注いで祈ることを神は喜ばれると私たちは知っています。

カナン人の女は続けてイエスに懇願しました。イエスが彼女に、「わたしは、イスラエルの家の失われた羊たち以外のところには、遣わされていません」とお答えになったとき、彼女は「来て、イエスの前にひれ伏して」またもや懇願しました。イエスが、「子どもたちのパンを取り上げて、小犬に投げてやるのは良くないことです」と答えられても、彼女はやめませんでした。「主よ、そのとおりです。ただ、小犬でも主人の食卓から落ちるパン屑はいただきます」

そのとき、彼女が待ち望んでいた答えが返ってきました。「女の方、あなたの信仰は立派です。あなたが願うとおりになるように」（マタイ一五・二四～二八＊訳注・ＮＩＶよりの日本語訳）。

そこに至るまでには、しばらくの時間がかかりました。しかし、彼女は、娘を愛していたので、そして、自分は娘のために良いことを願っているのだと知っていたので、粘り続けました。

私たちが放蕩している子のために祈るときも、これと同じことがあてはまります。あるときは、私たちが望むときに答えはやってきません。事態は悪い状態から、さらに悪くなるように見えるかもしれません。しかし、私たちは耐え続け、信じ続け、願い続けなくてはなりません。

神に子どもの心を変えてくださいと祈るとき、私たちはカナン人の女のように、良いことを願っているのだと知っています。私たちには、イエスが私たちの子どもたちを愛しておられるという確信があります。なぜなら、イエスは彼らの救いを可能にするために死んでくださったのですから。主に子どもたちの救いを祈るとき、私たちは主が成し遂げたいと願っておられる、まさにそのことを祈っているのだと知っています。

待つことは、決して簡単ではありません。でも、その結果は、十分待つ価値があるものです。ダビデはこれを、次のように表現しました。「御名を知る者は　あなたに拠り頼みます。主よあなたを求める者を　あなたはお見捨てになりませんでした」（詩篇九・一〇）。

尋ね求め続けてください！　信頼し続けてください！　願い続けてください！　祈り続けてください！

待つということの中に見つけられる恵みがあります。たとえ、その答えが来るまでに何年間もかかったとしても。

神の沈黙は決して「最後のことば」ではありません。

私たちは神を待ち望まなくてはならない。長い間、謙遜に、風や雨の中でも、いなずまや雷鳴の中でも、冷たくて暗い中でも。待て、神はやって来られる。神は待っていない者のところには決してやって来られない。

——フレデリック・W・ファバー

＊1　祈りについて学んだこのレッスンの詳細は、著者の本、『ともに祈るという失われた芸術』（*The Lost Art of Praying Together*）の六章に書かれています。

第五十七日　見極める心

賢明な者たちは大空の輝きのように輝き、多くの者を義に導いた者は、世々限りなく、星のようになる。（ダニエル書一二・三）

父よ、ソロモンが若いときにあなたに求めたものを、私は愛しています。「善悪を判断するために、聞き分ける心をしもべに与えてください」（第一列王記三・九＊訳注・NIVよりの日本語訳）父よ、私の息子は善悪を判断する必要があります。

そして、私もまた、彼を助けるために知恵が必要です。あなたが私たちに見極める心を与えてくださいますようにと、私は祈ります。父よ、この子を育てるために、そして、彼をあなたへと指し示す正しい方法を見つけることができるように、あなたの知恵を与えてくださいますようにと、私は願います。父よ、私の知恵はあまりにも限られています。あなたの助けがなければ、私にはこの子を育てることができません。

そして、私には助けがありますから、私はあなたに感謝します！

私はあなたの約束に感謝します。「あなたがたのうちに、知恵に欠けている人がいるなら、その人は、だれにでも惜しみなく、とがめることなく与えてくださる神に求めなさい」（ヤコブ一・五）。

父よ、あなたはとがめることがないですから、私はあなたをほめたたえます！

あなただけがお与えになれる見極めを私は願います。なぜなら、あなたの御前では、「世の知恵は愚か」だからです（第一コリント三・一九）。

あなたが私たちに、「第一に純真」である「上からの知恵」を与えてくださいますようにと、私は祈ります（ヤコブ三・一七＊訳注・『聖書 新改訳』（第三版））。

私の息子が、「聖なる方を知ることは悟ることである」（箴言九・一〇）と理解できますよう、助けてください。

彼があなたを知れば、彼は必要なものをすべて持っているのです！

「キリストのうちに、知恵と知識との宝がすべて隠されている」のだと、彼が分かるように、恵みを与えてください（コロサイ二・三）。

あなたのみことばを通して、彼に「知恵を与えて、キリスト・イエスに対する信仰による救いを受けさせ」てください（第二テモテ三・一五）。

彼が、「善にはさとく、悪にはうとく」あるように助けてください（ローマ一六・一九）。

主イエスよ、あなたが「ますます知恵が進み、背たけも大きくなり、神と人とに愛された」（ルカ二・五二＊訳注・『聖書 新改訳』（第三版））ように、私の息子がすべてにおいて、あなたにあって成長しますようにと、私は祈ります。

彼をあなたの知恵で明るく輝かせてください。そうして、彼が「多くの者を義に導」きますように（ダニエル一二・三）。

父よ、感謝します。これはあなたが答えたいと願っておられる祈りですから！

父よ、私たちが求めるとき、あなたは知恵を与えてくださいますから、感謝します。あなたは知恵の源であられるお方ですから！

「知恵に富む唯一の神に、イエス・キリストによって、栄光がとこしえまでありますように。アーメン」（ローマ一六・二七）

第五十八日　驚くべき光

しかし、あなたがたは選ばれた種族、王である祭司、聖なる国民、神のものとされた民です。それは、あなたがたを闇の中から、ご自分の驚くべき光の中に召してくださった方の栄誉を、あなたがたが告げ知らせるためです。（第一ペテロ二・九）

父よ、私は夜でも、息子のために光をつけたままにしておきます。

この祈りは、まさにこのことについてです。

あなたの光が彼の足元を照らし、彼を家へと導いてくださいますようにと、私は祈ります。

彼があなたの光を遠くから見て、あなたへと引き寄せられるようにしてください。彼が、「闇の中から」、あなたの「驚くべき光の中に召してくださった」あなたを賛美するようにしてください。

彼が今、「闇の中に座して」いても、あなたが彼の光となってくださいますようにと、私は願います（ミカ七・八）。

あなたにとっては、彼に抜け出す道筋を示すことができないほど暗すぎる暗黒などありませんから、私はあなたをあがめます。

彼が、「主よ、まことにあなたは私のともしび。主は私の闇を照らされます」（第二サムエル二二・二九）と言える場所へと、あなたが彼を導いてください。

主よ、あなたの光は驚くほどすばらしいのです。

あなたは「年を経た方」（ダニエル七・二二）であられます。

時が始まる前から、あなたは昼と夜、闇と光を支配しておられます。

あなたは闇の中でもご覧になられるお方です！

あなたにとっては「暗闇も光も同じことです」（詩篇一三九・一二）。

そして、あなたのうちには「闇が全くない」のです（第一ヨハネ一・五）。

あなたは私の息子が家に帰ってくる道を知っておられます。そして、彼が「光の子ども、昼の子ども」（第一テサロニケ五・五）となり、あなたの子どもとなる道を知っておられます！

そのとき、彼はこの世にあっても、次の世でも、あなたの光の中を「歩む」（イザヤ二・五）でしょう。やがてやってくる都においては、「太陽も月もいらない」のです。なぜなら、あなたの「栄光が都を照らし、（あなたが）都の明かりだから」です（黙示録二一・二三＊訳注・『聖書 新改訳』〈第三版〉）。

主イエスよ、彼の光となり、彼の希望となってください！ あなたは「人の光」であられます！（ヨハネ一・四）

父よ、あなたの光を「闇の中に」輝かせて（ヨハネ一・五）くださっていることを感謝します。そして、私の息子のために、その光をつけたままで、輝かし続けてくださっていることを感謝します。

彼を「暗やみの圧制から救い出して、愛する御子のご支配の中に移して」ください。「この御子にあって、私たちは、贖い、すなわち罪の赦しを得ているのです」（コロサイ一・一三、一四）。

そのとき、私たちはともに、永遠に、あなたのすばらしさを宣べ伝えます（第一ペテロ二・九）。なぜなら、あなたが私たちの夜を、永遠の昼へと変えてくださったからです。

第五十九日　再び炎を燃え立たせる

彼はいたんだ葦《あし》を折ることもなく、くすぶる燈心を消すこともない。（イザヤ四二・三＊訳注・『聖書 新改訳』〔第三版〕）

父よ、彼女にはかつて、もっと信仰がありました。覚えていらっしゃいますよね。心のこもったシンプルな子どもの信仰は、とても美しく見えました。彼女はあなたを愛していました。そして、彼女の信仰の小さなキャンドルは、すべての者に見えるように明るく燃えていました。

でも、風がやって来ました。

私は、この世の絶え間ない吹き付けから彼女の信仰の炎を囲んで守ろうとしましたが、私の手でできることには限界がありました。

主イエスよ、ですから今日、私はまた、あなたの御手の中に、彼女をおゆだねします。

「くすぶる燈心」ほどはかないものを想像することができません。

この、はかない私の娘の信仰のキャンドルをあなたは「消すことがない」ですから、私はあなたに感謝します。

父よ、このはかないキャンドルを守り、養ってください。そして、またいつか明るく燃え立つようにしてください。

あなたが彼女を囲んでくださって、彼女の信仰をこの世から囲んでくださいますようにと、私は願い求めます（詩篇五・一二）。

この世の風と嵐を、あなたが昔なされたのと同じように、「黙れ、静まれ」と、叱りつけてください（マルコ四・三九）。

そうすれば、弟子たちのように、私の娘も大きな恐怖に包まれてあなたを見るでしょう。

彼女が「悪魔の策略に対して堅く立つことができるように」（エペソ六・一一）、あなたが彼女のはかない信仰をすべての方法で守ってくださいますようにと、私は祈ります。

父よ、「イエスのことを宣べ伝え」るため（使徒八・三五＊訳注・『聖書 新改訳』〔第三版〕）、誰か彼女が信頼できる人をあなたが遣わしてくださいますようにと、私は祈ります。

どうか、彼女の心が開かれ、あなたの愛の霊によって、「強い確信を伴って」彼女が良い知らせを受け取りますように（第一テサロニケ一・五）。

彼女の人生に、信仰が新鮮で大胆で新しい方法でしみわたり、充満しますように、そうして、彼女が信仰にあってたゆまず歩み続けますようにと、私は祈ります。

「神の国は、ことばではなく力にある」（第一コリント四・二〇）のだと、彼女が分かるように助けてください。

彼女が、あなたの愛を、「すべての聖徒とともに、その広さ、長さ、高さ、深さがどれほどであるかを理解する力を持つようになり」、あなたの「満ち満ちたさまにまで、（彼女が）満たされますように」と、私は祈ります（エペソ三・一八、一九＊訳注・『聖書 新改訳』〔第三版〕）。

そして、彼女の信仰のキャンドルがまた明るく燃え立つよう、あなたが彼女に与えてくださった賜物を「燃え立たせて」ください（第二テモテ一・六）。

他の人にその「光が見え」（ルカ八・一六）て、あなたの御元に来るほどに彼女を明るく輝かせてください！

主よ、私はあなたを賛美します。あなたの御手の中にあっては、くすぶる燈心でさえも再び息を吹き返すことができます。

私はあなたの御名によって祈ります。彼女の信仰が明るく燃え立ちますように！

第六十日　武具を身に着ける

悪魔の策略に対して堅く立つことができるように、神のすべての武具を身に着けなさい。（エペソ六・一一）

主よ、私たちは私たちの息子に着せなくてはなりません。彼がまだ小さい頃に服を着させたように。ただ、今回は武具をです。

彼はまだそれらをどのようにして身に着けるかを知りません。ですから、あなたが彼を助けてくださいますようにと、私は願います。彼はそれがどんなに必要であるかが分かっていません。

彼は敵が歩いている場所のあまりにも近くを歩いています。彼は危険な所にいます。

おお、主よ、「あなたの道」を彼に知らせてください。「あなたの小道」を彼に教えてください（詩篇二五・四＊訳注・『聖書 新改訳』〔第三版〕）。

彼が腰に「真理の帯」を締めて、あなたの真理に「堅く立つ」ことができるように助けてください（エペソ六・一四）。

彼が「救われるために真理への愛を受け入れる」（第二テサロニケ二・一〇＊訳注・『聖書 新改訳』〔第三版〕）ようにと、私は祈ります。

父よ、私はあなたのみことばの中に「正義の胸当て」（エペソ六・一四）を見つけます。それを彼に着けてください。

主イエスよ、ちょうど、アブラハムが信じて「それが彼の義と認められ」て、彼があなたの「友と呼ばれた」ように、私の息子もあなたを信じ、あなたを友として知るようにと、私は祈ります（ヤコブ二・二三）。

あなたはこう言われました。「わたしが命じることを行うなら、あなたがたはわたしの友です」（ヨハネ一五・一四）。

彼があなたに従いますようにと、私は祈ります！

そして、彼の「足には平和の福音の備えを」はかせてください（エペソ六・一五）。

彼が他の者に、あなたのことを語る準備ができるようにしてください。

彼は今、自分の証しに向けて準備しています。彼は今、まだそれを知らないだけです！

父よ、私は「悪い者が放つ火矢を、すべて消すことが」できるように、「信仰の盾を取り」ます（エペソ六・一六）。

もし私にできるのであれば、私は息子の前に出て立ちます。

そして私は、私の祈りが彼を守ると知っています。

しかし、私は、彼が自分で盾を使うことを学ぶようにとも祈ります。

そうするためには、彼は「救いのかぶと」（エペソ六・一七）をかぶる必要があります。そして、
私は、彼がそうしますようにと、心を尽くして祈ります。

彼に「御霊の剣、すなわち神のことば」（エペソ六・一七）を与えてください。

主よ、彼があなたのみことばを愛しますように！

彼が試みられるとき、彼があなたのみことばの剣を使えるように助けてください。そうして、
彼が堅く立つことができるように助けてください。

彼が「御霊に属することを考え」る（ローマ八・五）ことによって、「あらゆる祈りと願いによって、どんなときにも御霊によって祈」る（エペソ六・一八）ようにさせてください。

彼に恵みを与え、彼が祈りの力を理解できるように、そして、祈りが自分の人生と他人の人生に与える永遠の違いや影響を理解できるようにしてください。

どうか、今日、この祈りを彼の人生を変える祈りとして用いてください！

第六十一日　御使いが歌うとき

あなたがたに言います。それと同じように、一人の罪人が悔い改めるなら、神の御使いたちの前には喜びがあるのです。（ルカ一五・一〇）

父よ、私の息子ゆえに御使いが歌うようにと、私は願います。

彼が過去から立ち返り、心と思いを開いてあなたの御元へと走って行きますようにと、私は祈ります。

私はその喜びを想像することができます。

この地上での私の喜びは、もっと大きな祝いの喜びの一部でしかありません。

なぜなら、「一人の罪人が悔い改めるなら、神の御使いたちの前には喜びがあるのです」から（ルカ一五・一〇）。

あなたのみことばは、「無数の御使いたち」（ヘブル一二・二二）が喜んであなたを賛美すると言っています。そして、御使いたちがそうするのは当然です！

「主よ、われらの神よ。あなたは、栄光と誉れと力とを受けるにふさわしい方です。あなたは万物を創造し、あなたのみこころゆえに、万物は存在し、また創造されたのですから」（黙示録四・一一＊訳注・『聖書 新改訳』〈第三版〉）

あなたは私の息子を創造し、彼に命をお与えになりました。

あなたは永遠の愛をもって彼を慕っておられます。

あなたは彼を愛されたがゆえに、「ひとり子をお与えに」なりました。「それは御子を信じる者が、一人として滅びることなく、永遠のいのちを持つため」です（ヨハネ三・一六）。

ひとりの罪人が悔い改めるとき、神の御使いたちが歌うのは当然です！

主よ、私の息子が悔い改めの喜びを知りますようにと、私は祈ります。

御使いたちや私の喜びだけでなく、特にあなたの喜びと、彼自身の喜びを知りますように！

あなたは、「すべての人が悔い改めに進むことを望んでおられ」ます（第二ペテロ三・九）。

そして、彼があなたに近づくとき、あなたは御腕を広げて彼を迎え入れてくださいます。

そのとき、放蕩息子の話の中の父のように、あなたは「一番良い衣を持って来て、（彼に）着せ」てくださいます（ルカ一五・二二）。それは、義の衣です！

あなたは天で祝宴を設けてくださいます。そして、御使いたちは賛美します！

そして、あなたが持っておられる純粋な全き喜びが、彼の顔にも現れます。

彼は無事に家に戻り、永遠にあなたを愛し、あなたに仕えるために「罪から解放されて」（ローマ六・二二）、ついに、やっと、あなたとの正しい関係にある喜びが取り戻されます！

主よ、彼が早くあなたに心をささげますようにと、私は祈ります！

そして、彼が他の人たちをあなたのところに連れて行くことによって、御使いたちを歌い続けさせてください。

彼が自分の信仰を積極的に分かち合いますように。そして、あなたにあって、「私たちが持っているすべての良いことをよく知る」ことができますようにと、私は祈ります（ピレモン六＊訳注・NIVよりの日本語訳）。

父よ、私には音楽が鳴っているのを聞くことができます。

今日、彼のためにそれを始めてください！

第六十二日　御使いたちが見守っているがゆえに

あなたがたは、この小さい者たちの一人を軽んじたりしないように気をつけなさい。あなたがたに言いますが、天にいる、彼らの御使いたちは、天におられるわたしの父の御顔をいつも見ているからです。（マタイ一八・一〇）

父よ、あなたのみことばは、みことばに「聞き従い、（それを）行う」ために御使いたちを遣わされたと言っています（詩篇一〇三・二〇）。

私たちの子に、あなたの「御顔をいつも見ている」御使いたちを遣わしてくださっていますことを感謝します。

私ができないときにも、あなたがいつも私の子を見ていてくださいますから、感謝します。危険ギリギリの境界線、ほんの一瞬、私が対応するにはあまりにも素早く起こった瞬間、あなたの御使いたちが介入してくれます。

主よ、私の子は今、御使いたちの守りが必要です。ちょうど、あなたがダニエルのために「御使いを送り、獅子の口をふさいでくださった」ときのように（ダニエル六・二二）。あなたがペテロを「ヘロデの手から」救い出してくださった夜や（使徒一二・一一）、使徒たちのために「牢の戸を開け」てくださったときのように、私が行けないところに、あなたの御使いたちが遣わされて行きますように（使徒五・一九）。

いるべきでないところにいる人のために御使いを送ってほしいと願うとは、厚かましいと思う人もいるでしょう。でも、あなたは以前にそうしてくださいました。

エリヤが「恐れて立ち、自分のいのちを救うために立ち去った」とき（第一列王記一九・三＊訳注・『聖書 新改訳』〈第三版〉）、あなたはそうしてくださいました。「御使いが（彼に）触れ」ました。一度だけでなく、二度も（第一列王記一九・五～七）。

また、ロトが家族とともにソドムから出て行くとき、「彼はためらっていた」ので、御使いたちが彼の手をつかみました。それは、あなたの「彼に対するあわれみによる」のです（創世記一九・一六）。

主よ、あなたはあわれみ深いお方です！　そして、あなたはこう言われました。「あなたがたが地上で解くことは天でも解かれます」（マタイ一八・一八）。

ですから、私は、あなたが私の息子を助けるために、天から御使いを遣わしてくださいますようにと祈ります。

ちょうど「ある人たちは、知らずに御使いたちをもてなし」たように（ヘブル一三・二）、見ず知らずの人が彼に親切にして、それがあなたからであると彼にわからせてください。

また、あなたがイエスの「良い知らせ」をもって羊飼いたちに御使いたちを遣わされたときのように（ルカ二・一〇＊訳注・ＮＩＶよりの日本語訳）、彼とともにおられるあなたの臨在とあなたの愛を分かち合うために、誰かを遣わしてください。そうして、彼が信じ、あなたを見つけ出し、あなたの御前にひれ伏しますように。

あなたは言われました。「主の使いは主を恐れる者の回りに陣を張り、彼らを救い出される」（詩篇三四・七＊訳注・『聖書 新改訳』（第三版））。

主よ、私は畏敬の念と愛をもってあなたを「恐れることを知っている」ので（第二コリント五

・一二）、私の息子を救い出してくださいますようにと、あなたに願い求めます。

あなたのみことばは、あなたがご自身のものとして呼んでくださる者に対してなしてくださったことについて、こう語っています。「彼らが苦しむときには、いつも主も苦しみ、主の臨在の御使いが彼らを救った。その愛とあわれみによって、主は彼らを贖」った（イザヤ六三・九）。

主よ、私の息子を贖ってください！　彼があなたにとって、そして天のすべての御使いたちにとっての喜びとなるようにしてください。なぜなら、「一人の罪人が悔い改めるなら、神の御使いたちの前には喜びがあるのです」から（ルカ一五・一〇）。

あなたがそれをどのようになさるのかは私にはわかりません。でも、私はあなたに願い求めます。彼があなたに心を開くように、どうかあなたが彼を助けてください。

主よ、あなたがそれをどのようになさるのか、私は知りたいです。でも、「それは御使いたちもはっきり見たいと願っていることなの」だと、私は知っています（第一ペテロ一・一二＊訳注・『聖書 新改訳』〈第三版〉）。

ですから、私は御使いたちとともに、見続け、祈り、待ち、そしてこう言います。「賛美と栄光と知恵と　感謝と誉れと力と勢いが、私たちの神に　世々限りなくあるように。アーメン」！

（黙示録七・一二）

第六十三日　主の愛の中で安らぐ

あなたの神、主は、あなたのただ中におられる。救いの勇士だ。主は喜びを持ってあなたのことを楽しみ、その愛によって安らぎを与える。主は高らかに歌ってあなたのことを喜ばれる。（ゼパニヤ三・一七＊訳注・『聖書 新改訳』（第三版））

「あなたの神、主は、あなたのただ中におられる。救いの勇士だ。
主は喜びを持ってあなたのことを楽しみ、その愛によって安らぎを与える。
主は高らかに歌ってあなたのことを喜ばれる」

主よ、なんと美しい思いでしょう！

あなたはまさにこのとおりです！

あなたは私の「ただ中におられ」ます。

あなたは「救いの勇士」です。

あなたが私のことを喜び、楽しみと思ってくださり、あなたの愛が私に安らぎを与えてくださるという思いは、この世が決して奪うことのできない希望を私の魂に与えます。

あなたが高らかに歌って私のことを喜ばれるのを想像するとき、あなたが私の御父であり、私があなたの子どもであることを思い出します。

「私たちが神の子どもと呼ばれるために、御父がどんなにすばらしい愛を与えてくださったかを、考えなさい。事実、私たちは神の子どもです」（第一ヨハネ三・一）

父よ、私の娘がまだ小さかった頃、私は彼女のことを高らかに歌って喜びました。私たちの間には、子守唄や楽しい歌、静かな時がありました。

ただ、彼女を腕に抱き、私の顔に彼女の頬の柔らかさを感じることができたとき、それはなんと良かったことでしょう。

父よ、彼女はなんとすばらしい贈り物だったことでしょう。そして、彼女は今でもそうです！

彼女は私を悲しませる選択をし、あなたをも悲しませる選択をしましたが、それでも、私は彼女を諦めることはできません。

彼女があなたとの正しい関係に立ち返るまで、私は「忍耐の限りを尽くし」祈り続けます（エペソ六・一八）。

そして、彼女があなたの家に戻って来たとき、私はさらに続けて祈ります。

あなたがなしてくださったことをほめたたえて！

あなただけからもたらされる「平穏と安心」（イザヤ三二・一七）の中で、私は待って、見上げ、祈ります。

あなたは「忍耐と励ましの神」であられます（ローマ一五・五）。

あなたの愛は、彼女をあなたの家に帰らせるほど長く続くのです。

主よ、彼女が早くあなたの家に帰ってきますように！

あなたが彼女の上に「御顔を照らして」（民数記六・二五）くださって、彼女の顔があなたの愛と慈しみと恵みを反映するのを見るのを、私は待ちきれません。

あなたの優しさとあわれみによって、私は「落胆することがありません」（第二コリント四・一）。

あなたが彼女とともにおり、彼女のことを「喜びを持って楽しみ」、あなたの愛によって彼女に安らぎを与え、彼女のことを「高らかに歌って喜ばれ」ているのを想像すると、私は勇気づけられます。

父よ、あなたは「救いの勇士」です！

私のすべての希望はあなたのうちにあります。

第十週　誰が罪を犯したからですか

弟子たちはイエスに尋ねた。「先生。この人が盲目で生まれたのは、だれが罪を犯したからですか。この人ですか。両親ですか。」(ヨハネ九・二)

私の姉妹が大学から実家に帰って来ていたときのこと、彼女はある土曜日の午後、父と一緒に地元のレストランにランチを食べに行きました。彼らがテーブルで向き合って手をつなぎ、熱心に話し合っていた頃、家の電話が鳴りました。

母が電話に出ました。それは、私たちの教会の某婦人からの電話でした。

「バンクス夫人。今、あなたのご主人がどこにいらっしゃるか知ってますか？　彼はブロンドヘアの女性と一緒にランチを食べていますよ。クリスチャンとして私の義務だと思うのでお知らせします」

私の父がどこにいるかをよく知っている母は、ちょっととぼけてみようと思って、「彼はまたそんなことをしてるの？」と返しました。

「えっ？　彼は前もそんなことをしたんですか？」

「ええ、そうですよ。お知らせくださりありがとうございます。ごきげんよう」

それがこの会話の終わりでした。

翌朝、母は礼拝の後、教会の出入り口で家族を待たせました。母に電話してきた女性が教会から出て来たとき、母は私の姉妹を指して、笑顔でこう言いました。「私の娘を紹介いたします」。

あなたはすべての事実を知ることなく、結論へと急いだことはありませんか。それが、生まれつきの盲人に出くわしたときにイエスの弟子たちがしたことです。「先生。この人が盲目で生まれたのは、だれが罪を犯したからですか。この人ですか。両親ですか」。

神はみことばの中で、「子は父の咎について負い目がなく、父も子の咎について負い目がない」

（エゼキエル一八・二〇）と約束しています。しかし、弟子たちの質問に表されるように、イエスがいた時代、多くの者たちは、病気はその本人か、もしくは両親が犯した罪の直接的な結果であると信じていました。

弟子たちに対するイエスの答えは、非常に多くのことを語っています。「この人が罪を犯したのでもなく、両親でもありません。この人に神のわざが現れるためです」（ヨハネ九・三）。弟子たちが罪を探し、誰を責めるべきか探るのに夢中になっている間、イエスは神の偉大さと愛を現す機会をみていました。放蕩の子を持つ親は、時々、弟子たちのように考えている自分を見出すかもしれません。私たちは誰か責める人を探すのです。そして、そんなに遠くを探したりはしません。放蕩息子や放蕩娘を持つ多くの親が、「神は、私が過去に犯した何かの罪のために、子どもを通して私を罰しているのだろうか」と自問します。幸いなことに、弟子たちに対するイエスの答えと、エゼキエルを通して語られた神の約束は、この問いに対する答えは強調して「否」であると表しています。

エゼキエルを通して語られた神の約束は、私たちが皆、各自、自分の行いに責任を持たなくてはならないことを明らかにしています。私たちは自分の罪に対し、両親や遺伝子のせいにして責めることはできません。また、私たちは、息子や娘の罪深い選択に対し、自分を責めることもできません。でも、それは簡単なことではありません。

私が自分の子どもたちに対して話すときに、かつて両親に言われたのと同じ言葉が自分の口をついて出てきたことが何度もありました（「私がそう言っているんだから」という言葉が思い浮かびます）。また私は、自分が親に言った言葉が自分の子どもの口から出てくるのを聞いたことがあります。それらの言葉で心が痛むとき、私は自分がこう考えていることに気づきました。「これはすごく馴染みある言葉だ。自分の過去が私を悩ますために戻ってきたのだろうか。私が反抗的だったので、神は私に反抗的な子どもを与えて裁きをしているのだろうか。これは私の過去の反抗の報いなのだろうか」。

感謝なことに、神はそのようにはご覧になりません。神の約束は、繰り返して心に留める価値があります。「子は父の咎について負い目がない」。私はこの約束に大きな慰めをいただきます。なぜなら、私は自分の子に、私がずっと昔にしたことに対する負い目を負ってほしくないからです。また、神はそれらの負い目によって私を責めていないと知ることも良いことです。

子どもたちの人生の中での霊的盲目は、両親の罪によって引き起こされるものではなく、私たち人間が皆分かち合う、生まれながらの罪の性質から引き起こされるのです。なぜなら、「すべての人は罪を犯して、神の栄光を受けることができ」ないからです（ローマ三・二三）。その罪には報いがあります。そして、私たちは皆、その罪を悔い改め、その罪を十字架の下に置き去らなければなりません。しかし、私たちの放蕩の子たちにそれが起こる前に、イエスが彼らの目を開かなくてはなりません。

イエスが、ご自分から率先して、生まれつきの盲人のところへ行かれたことに励まされます。その人はイエスに助けを求めなかったのです。イエスがその人を見られたのです。イエスは立ち止まり、見えていないその人の目を見つめられたのです。

イエスは、私たちの子がイエスを探していないときでも、彼らに出会うことがおできになります。神は、私たちが考えもしない方法で、私たちの子に出会う道をお持ちです。イエスは私たちの放蕩の子たちを愛しておおり、彼らが何をしたかにかかわらず、その人生に神のわざを現したいと望んでおられます。「私たちがまだ罪人であったとき、キリストが私たちのために死なれたことによって、神は私たちに対するご自分の愛を明らかにしておられます」（ローマ五・八）。イエスは私たちの子たちに触れ、彼らを自由にしたいと願っておられます。そうして、彼らが御父の優しさと力を証しする証人となり、いつか、他の人たちを神の御国へと導き入れることを愛する者になるようにと、願っておられます。

私たちの放蕩の子たちは、まだそれを知りません。しかし、彼らは今、その証しを作っているところなのです。

イエスは彼らのところに来られます。そして、いつか、彼らはイエスがしてくださったすべてを語るでしょう。ずっと昔に、あの若者が語ったように。いつか、彼らの「心の目がはっきり見えるようになって」（エペソ一・一八）、あの若者の言葉が彼らの言葉となるでしょう。「一つのことは知っています。私は盲目であったのに、今は見えるということです」（ヨハネ九・二五）。

地上での悲しみがもっと感じられる場所は、
天上以外にはない。
地上での失敗が、
それほどに優しい裁きを与えられる場所は他にはない。
――フレデリック・W・ファバー『神のあわれみには大きな広さがある』（*There's A Wideness In God's Mercy*）

第六十四日　両親の罪？

さて、イエスは通りすがりに、生まれたときから目の見えない人をご覧になった。弟子たちはイエスに尋ねた。「先生。この人が盲目で生まれたのは、だれが罪を犯したからですか。この人ですか。両親ですか。」（ヨハネ九・一、二）

主よ、私は時々、弟子たちが思っていたのと同じ質問をしたくなるときがあります。「誰が罪を犯したからですか。この人ですか。その両親ですか」。

時として、私は自分の息子の人生の中での霊的盲目は、私が過去に犯した何かの罪の結果だろうかと思い巡らしました。

父よ、あなたはそのようにご覧になることが全くないですから、感謝します。

あなたが「父の咎を子に報い、三代、四代に及ぼす」（民数記一四・一八）と言われて罰したときがありましたが、もうそんなことはありません。

あなたは完全に新しいことをなさいました！

あなたはみことばの中で、「子は父の咎について負いめがなく、父も子の咎について負いめがない」と約束しておられます。

あなたは「それぞれその生き方にしたがってさばく」とおっしゃっています。

父よ、感謝します。あなたのあわれみにより、私たちは「新しい心と新しい霊」を得られますから（エゼキエル一八・二〇、三〇、三一）。

私は、アダムの罪によって「罪が世界に入り」（ローマ五・一二）、そのために私たちが皆「盲目に」生まれついたと知っています。

そして、「すべての人は罪を犯して」、あなたの栄光を「受けることができない」（ローマ三・二三）と知っています。

「義人はいない。一人もいない」（ローマ三・一〇）

でも、あなたは、「(わたしは)あなたがたに新しい心を与え、あなたがたのうちに新しい霊を授ける」と約束してくださいました。

あなたは、「わたしの霊をあなたがたのうちに授け、わたしのおきてに従って歩ませ、わたしの定めを守り行わせる」(エゼキエル三六・二六、二七＊訳注・『聖書 新改訳』(第三版))とさえおっしゃってくださいました。

私はあなたをほめたたえます。あなたは御子を通して、私たちに「新しい生ける道」(ヘブル一〇・二〇)を設けてくださいました!

あなたは「その保証として御霊を下さいました」!(第二コリント五・五)

あなたのみことばは私たちに確信を与えてくださいますから、感謝します。「この約束は、あなたがたに、あなたがたの子どもたちに、そして遠くにいるすべての人々に、すなわち、私たちの神である主が召される人ならだれにでも、与えられているのです」!(使徒二・三九)

主よ、私の子は遠くにいます。ちょうど私がそうであったように。どうか、彼を呼んでください。彼に家に帰って来るようにと呼ばれるあなたの御声を、どうか彼に聞こえるようにしてください。

あなたは「先祖たちの咎を　私たちのものとして思い出さない」(詩篇七九・八)ですから、私はあなたをほめたたえます。

「あなたには、ゆるしがあります」！（詩篇一三〇・四＊訳注・口語訳）

私たちは霊的に盲目に生まれつきましたが、あなたのあわれみによって、あなたは私たちに触れてくださり、私たちの目を開き、そうして、私たちが「奇しいこと」（詩篇一一九・一八）を見ることができるようにしてくださいました。

あなたが「生まれつき盲目」の人にしてくださったように、私の息子を深い愛とあわれみをもって見つめてくださいますようにと、私は願い求めます。

おお、主よ、今日、私の息子があなたのすべての奇しいことを見ることができるようにしてください！

第六十五日　前進していく強さ

そのとき、いちじくの木は花を咲かせず、ぶどうの木は実をみのらせず、オリーブの木も実りがなく、畑は食物を出さない。羊は囲いから絶え、牛は牛舎にいなくなる。しかし、私は主にあって喜び勇み、私の救いの神にあって喜ぼう。私の主、神は私の力。私の足を雌鹿のようにし、私に高い所を歩ませる。（ハバクク三・一七～一九＊訳注・『聖書 新改訳』〔第三版〕）

主よ、私は自分自身にこのことを思い起こさせます！

その瞬間に私がどう感じているかにかかわらず、いつもあなたをほめたたえることは良いことです。

「まことに主は大いなる方、大いに賛美されるべき方」〈第一歴代誌一六・二五＊訳注・『聖書 新改訳』〈第三版〉〉

私は、与えられた日々を毎日、自分が置かれた状況にかかわらず、「主にあって喜び勇み、私の救いの神にあって喜ぼう」。

どうしてそうせずにいられましょう。

私は子どものことで困難な時期にいます。彼女は私から、また、あなたから走り去っています。私の心は痛んでいます。もし、彼女が私にそうさせてくれるのであれば、私は彼女を腕の中に抱き、彼女を災いから守りたいと熱望しています。

そして、あなたのみことばと約束を思い起こします。

「それゆえ、主は、あなたがたを恵もうと待っておられ、あなたがたをあわれもうと立ち上がられる」〈イザヤ三〇・一八＊訳注・『聖書 新改訳』〈第三版〉〉

この「それゆえ」という一言の中に、多くの意味が含まれています。あなたは私がどのように感じているかよくご存じですね。

私の娘のためだけではなく、すべての人類のために。

ですから、あなたは来てくださいました。ですから、あなたはたったひとりのあなたの御子を送ってくださいました。

「私たちはみな、羊のようにさまよい、それぞれ自分勝手な道に向かって行った。しかし、主は私たちすべての者の咎を　彼に負わせた」（イザヤ五三・六）

あなたは分かっておられるだけでなく、私たちの反抗に対し、私が決して知り得ない「深い」（ローマ一一・三三）感情の心をもって直面されました。

それゆえ、私はあなたをほめたたえます。そして、あなたを持ち望みます。なぜなら、「神を待ち望む者のために、このようにしてくださる神は、あなた以外にとこしえから聞いたこともなく、耳にしたこともなく、目で見たこともありません」から（イザヤ六四・四＊訳注・『聖書　新改訳』〔第三版〕）。

たとえ今、私の娘があなたから遠く離れた所にいても、「主の御腕は救うには短すぎるということはありません」（イザヤ五九・一＊訳注・NIVよりの日本語訳）。

あなたは彼女を、あなたの御元近くに引き寄せたいと願っておられます。あなたはみことばの中で、私たちにこう語っておられます。「この約束は、あなたがたに、あなたがたの子どもたちに、そして遠くにいるすべての人々に、すなわち、私たちの神である主が召される人ならだれにでも、与えられているのです」（使徒二・三九）。

私はこの約束を握りしめ、そして、あなたに拠り頼んでいます。

私はあなたをほめたたえ、あなたにあって期待することを選びます。なぜなら、それが、一番良い行動の道筋であり、また、あなたはそうされるにふさわしいお方ですから。そして、私たちがあなたに信頼するとき、あなたは私たちをもっと祝福してくださいます。

「主を待ち望む者は新しく力を得」ます（イザヤ四〇・三一）。

「幸いなことよ　喜びの叫びを知る民は」（詩編八九・一五）

「なんと幸いなことでしょう。その力があなたにある」人は（詩編八四・五）。

主よ、私は幸いな者です。あなたが私の幸いであり祝福です！

そして私は、心を尽くして、あなたをほめたたえます！

第六十六日　いつまでですか

主よ。いつまでですか。（詩篇六・三＊訳注・『聖書 新改訳』〔第三版〕）

主よ、私は、忍耐を与えてくださいとは祈るなと聞いたことがあります。もしそう祈るなら、困難が来るように祈っているのだと。

私は、いつもそのように働かれるとは信じたくはありません。

あなたのみことばは私にこう語っています。「主はいつくしみ深い。主に望みを置く者、主を求めるたましいに」（哀歌三・二五）。

私は今朝もまた、あなたを待ち望み、あなたを求めています。私は、あなたが真実なお方であり、あなたが祈りに答えられると知っています。でも、私は今、ちょうどダビデがそうしたように、あなたにお聞きしたいのです。

「主よ、いつまでですか?」

あなたのみことばは約束しています。「求めなさい。そうすれば与えられます。探しなさい。そうすれば見出します。たたきなさい。そうすれば開かれます」(マタイ七・七)。それでも、私は時々、もうずっと一日中何日間も求め、探し、たたき続けているのに、戸は閉められたままだと感じることがあります。

今がちょうどそのようなときです。「どうしてこうなのか? どうしてこんなことがあり得るのか?」という堂々巡りにはまっています。

私は子どもの心と人生が変わるのを見たいと望んでいます。そして、あなたがそうしてくださると信頼しています。でも、それがまだ起こっていません。

父よ、私は「つぶやいて」いるように聞こえないようにと願います(ピリピ二・一四＊訳注・『聖書 新改訳』〈第三版〉)。荒野であなたに対してつぶやいた民のようではないようにと願います(民数記一四・二九)。

私が祈りをもってあなたの御元に行くとき、あなたは私の心を完全に理解しておられます（第二歴代誌六・三〇）。私がしていることは慕い求めていることなのだと、あなたは知っておられます。

「主よ　私はあなたの救いを慕っています」（詩篇一一九・一七四）

私は、息子の心をあなただけが与えることのできる喜びで満たしてくださることを慕い求めています（詩篇四・七）。

私は、彼が「悪を離れて　善を行う」（詩篇三四・一四）ことを見たいと、慕い望んでいます。ちょうど、放蕩息子の父親が、「まだ家までは遠かったのに」（ルカ一五・二〇）、息子が帰って来ているのを見たように、私は待って見ているのです。

私の目は、「あなたの救い……を慕って　絶え入るばかりです」（詩篇一一九・一二三）。

私の目は「私たちの神　主に向けられています。主が私たちをあわれんでくださるまで」（詩篇一二三・二）。

主、イエスよ、昔、あなたを呼び求め、答えが得られるまであなたに叫び求め続けた人々のように、私はあなたに叫び求めています。

「主よ、ダビデの子よ。私たちをあわれんでください」！（マタイ二〇・三〇、三一）

私はすべての望みをあなたのうちに置きます。そして、それがどんなに長かったとしても、私が期待し続けることができるように、見続けることができるように、叫び求め続けることができるように、忍耐を与えてくださるようにと願い求めています。

私は前もってあなたを賛美します。私の息子の人生にあなたのご計画が成就する、その日のために。

私はあなたをほめたたえます。彼と私がともに、「今日、救いがこの家に来ました。……人の子は、失われた者を捜して救うために来たのです」（ルカ一九・九、一〇）と言う日のために。

第六十七日　あなたが「祈り尽きた」とき

だれが、私たちを罪ありとするのですか。死んでくださった方、いや、よみがえられた方であるキリスト・イエスが、神の右の座に着き、しかも私たちのために、とりなしていてくださるのです。（ローマ八・三四）

父よ、私は時々、もう祈るには痺れ切っているように感じるときがあります。

あなたが祈りに答えられると信じていないのではありません。私は信じています。

でも、祈っても祈っても、私の子どものうちに何の変化も見られないと、私は時々失望してしまうのです。

主よ、私の信仰の足りなさ、忍耐のなさをお赦しください。

私が、「いつでも祈るべきで、失望してはいけない」（ルカ一八・一）と言われるあなたのみことばを心に留めることができるように助けてください。

「不正な裁判官」の戸をたたき続けた女は、望んでいたことを手に入れました（ルカ一八・六）。

カナン人の女が娘のことをあなたに懇願し、そして弟子たちが彼女を追い返そうとしたとき、あなたは彼女のリクエストにお答えになりました（マタイ一五・二五〜二八）。

男が真夜中を過ぎて友人の戸をたたき、そしてその友人は彼に帰り去ってほしかったとき、あなたはこう言われました。「あくまで頼み続けるなら、そのためには起き上がって、必要な物を与えるでしょう」（ルカ一一・八＊訳注・『聖書 新改訳』〈第三版〉）。

主よ、私があくまで頼み続けることができるように助けてください！　特に今！

私の娘は、私があなたにあくまでも頼み続けることを必要としています。そして、あなたは、私がそうするように望んでおられると、私は知っています。

あなたは私が祈るように助けてくださいますから、感謝します。

私は今、特にその助けを必要としています。

あなたは御父の「右の座に着き、しかも私たちのために、とりなしていて」くださいますから、感謝します（ローマ八・三四）。

聖霊よ、あなたは私と娘のために「ことばにならないうめきをもって」とりなして祈ってくださいますから、あなたをあがめます（ローマ八・二六）。

主イエスよ、私の信仰が欠けているとき、あなたは「常に真実」であり続けてくださいますから、感謝します（第二テモテ二・一三）。

「からし種ほどの信仰」が山を動かすことができますから、私はあなたをほめたたえます。私はその小さな信仰を持っています！（マタイ一七・二〇）

私の信仰は、今は小さいかもしれません。でも、私がその小さな信仰をあなたの御手の中にゆだねるとき、それは十分になります。

ですから、私はまた、娘をあなたの御手の中にゆだねます。事がどんなに大変でチャレンジを要求されるとしても。

あなたはこう言われました。「人にはできないことが、神にはできるのです」（ルカ一八・二七）。「神にはどんなことでもできるのです」（マルコ一〇・二七）

私は今、これらの約束を握り締めます。そして、「神の約束はことごとく、この方において『はい』となりました」（第二コリント一・二〇）から、私はあなたを賛美します。

主よ、私はあなたの御元に来続けます。そして祈り続けます。どうしてそうせずにいられましょう。私はただ、あなたに「はい」と言っていただけるだけでいいのです。

第六十八日　年老いたとき

若者をその行く道にふさわしく教育せよ。そうすれば、年老いても（年老いたとき）、それから離れない。（箴言二二・六＊カッコ内NIVよりの日本語訳）

父よ、私は今から何年も先の彼を見ることができます。私の祈りが答えられ、彼の心があなたに立ち返ったときの彼を。

私は、彼が「立派な人物で、聖霊と信仰に満ちて」（使徒一一・二四）力強く立っている姿を見ることができます。

父よ、それが実現するためには、彼のために「立派な土台」を築き上げるように、私が最善を尽くす必要があると知っています（第一テモテ六・一九）。

私が子どものためにするすべてのことの中で、あなたの愛を子どもに分かち合うこと以上に重要なことはないと、私は分かっています。ただ、「ことばや口先だけではなく、行いと真実をもって愛」するようにと（第一ヨハネ三・一八）。

今は彼の人生の中で難しいときですが、私が「時が良くても悪くてもしっかり」できるように、「忍耐の限りを尽くし、絶えず教えながら、責め、戒め、また勧め」ることができるように助けてください（第二テモテ四・二）。

もし、私が彼を「その行く道にふさわしく教育する（育てる）」ならば、「彼が年老いた時、それから離れない」という真理ゆえに、私はあなたをあがめます。

私は、彼が「まことのいのちを得る」ように助けたいのです（第一テモテ六・一九）。

何年間もあなたから離れて生きる痛みや困難を、どうか彼が避けられるようにしてください。彼の心が早くあなたに向くようにしてください！

あなたは私たちに、「用心（用意）していなさい。人の子は思いがけない時に来るのです」とおっしゃっています（マタイ二四・四四）。

私は、彼が今日、用心（用意）し、あなたに心を明け渡しますようにと祈ります。

あなたは約束してくださっています。あなたのみことばはむなしくあなたのところに帰ることはなく、必ず、あなたの「望むことを成し遂げ」、あなたの「言い送ったことを成功させる」と（イザヤ五五・一一）。

私が息子にあなたのみことばとあなたの愛を伝えることができるように、あなたが私を助けてくださいますようにと、祈ります。

私ができる限り、イエスの福音を明確に彼に伝えることができるように助けてください。

私が彼に話すとき、あなたのみことばを「聞く耳」を彼に与えてください。そうして、彼が本当に聞きますように（マルコ四・九）。

彼が「ただ聞くだけの者」ではなく、「みことばを行う人」になれるように助けてください。

そして、従順と愛のうちにあなたに従う者となれるように助けてください（ヤコブ一・二二）。

主よ、私は息子を愛しています。そして、あなたが彼を私に授けてくださったことを感謝します。

私は、彼にあなたを指し示すために、あなたが彼を私に与えてくださったことを知っています。

あなたは「死者を生かし、無いものを有るものとして召される神」です（ローマ四・一七）。

彼をあなたにあって生かしてくださいますように、そして彼をあなたご自身のものとしてお呼びになってくださいますようにと、私は祈ります。

あなたが彼に与えたいと望んでおられる「満ちあふれる豊かさにまで、（彼）が満たされ」（エペソ三・一九）る日がやって来るのを、私は信仰によって見ることができます。

そして、あなたは「真実」な方で、きっと「そのようにしてくださいます」から、私はあなたをほめたたえます（第一テサロニケ五・二四）。

第六十九日　悲しみと嘆きとが逃げ去るとき

主に贖われた者たちは帰って来る。彼らは喜び歌いながらシオンに入り、その頭にはとこしえの喜びを戴く。楽しみと喜びがついて来て、悲しみと嘆きは逃げ去る。（イザヤ三五・一〇）

主よ、その日はなんとすばらしいことでしょう！
私の娘が贖われ、赦され、癒され、そして祝福されてあなたの家に帰る日は。
彼女が喜び歌っているのが見えるようです！
あなたの「とこしえの喜び」が彼女の頭にかけられることを、私は慕い求めます。

そして、彼女があなたのうちに「たましいの満たし」を見つけることを。主よ、その日がどんなふうであるか、私には想像できるかのようです。「楽しみと喜び」が彼女の後ろからずっとついて来て、そしてどんどん近づいて来て、やがて彼女を完全に覆うまでになり、そして、彼女が願いをあなたのうちに見つけるようになるのを。私はまた、「悲しみと嘆き」が逃げ去り、この世のすべての痛みや欺きが「御顔の光の中」（詩篇九〇・八）で崩れ散らされ、あなたのすべての真理と美しさが「光を放たれる」（詩篇五〇・二）のが見えるようです。

父よ、あなたがなしてくださることのゆえに、私はあなたをほめたたえます。あなたが今この瞬間にも、私の娘の心をそのときのために備えてくださいますようにと、私は祈ります。すべての反抗を取り除き、すべての議論を打ち負かし、すべての誘惑や偽りの愛を明るみに出してくださいますように。そうして、あなたこそが彼女の最も深い必要であり、最も偉大な希望であることを、彼女が理解するようになりますように。

主よ、何ものも彼女を抑えつけないようにしてください！

あなたは「あなたが地上で解くことは天においても解かれます」とおっしゃいました（マタイ一六・一九）。

彼女があなたの御元へと行くのを妨げるすべての束縛から彼女を解放してください。彼女の心をあなたへと引き寄せるすべての祝福を解き放ってください。

あなたは、あなたの完全なる知恵のうちに、「わたしを愛する者を、わたしは愛する。わたしを熱心に捜す者は、わたしを見出す」（箴言八・一七）と言われました。

主よ、彼女があなたを捜すように、あなたを見つけるように、そしてあなたを愛するようにしてください！

主イエスよ、私はあなたが「多くの人のための贖いの代価として、自分のいのちを与えるため」に来てくださったことを感謝し、ほめたたえます（マルコ一〇・四五）。

私は、喜び歌いながらあなたの御元へと帰ってくる贖われた者たちの中に、私の娘がいますようにと、心を尽くして祈ります。

第七十日　私が願うところ、思うところのすべてをはるかに超えて

どうか、私たちのうちに働く御力によって、私たちが願うところ、思うところのすべてをはるかに超えて行うことのできる方に、教会において、またキリスト・イエスにあって、栄光が、世々限りなく、とこしえまでもありますように。アーメン。（エペソ三・二〇、二一）

主よ、私の息子があなたの御元に帰る日、あなたが息子の人生に与えてくださる変化を、私は想像できます。

でも、私が楽しみにしていることが何であっても、あなたは私の「願うところ、思うところの

すべてをはるかに超えて行うことのできる方」ですから、私はあなたをほめたたえます。偉大なる父よ、私は「自分では知り得ない、あまりにも不思議なこと」(ヨブ四二・三)を感謝します。

私の息子が「世々限りなく、とこしえ」にあなたをほめたたえる群衆の中にいますように、というのが私の祈りですが、あなたにはそれ以上のことがおできになります。あなたは、彼を、他の者をあなたの御元へと導く器として用いることさえおできになります！

あなたの「計りごとは驚くべく、その知恵はすぐれて」います！(イザヤ二八・二九＊訳注・口語訳)

主よ、私はあなたのしもべであり(第一列王記一八・三六)、私の息子をあなたへと近づけるのを助けるために、あなたが望まれる方法であなたに仕えたいのです。

あなたの望みを知るために、「私に悟りを授けてください」(詩篇一一九・一二五＊訳注・『聖書 新改訳〈第三版〉』)と祈り求めます。

彼の人生の中で、あなたの御元へと行くのを妨げている罪に対し、あなたが彼に罪悪感を与えてくださるようにと、私は祈ります。

彼があなたにそれらの罪を告白することによって、「以前の罪からきよめられ」(第二ペテロ一・九＊訳注・NIVよりの日本語訳)ますように。そして、彼が「すべての罪から私たちをきよめる」「イエスの血」（第一ヨハネ一・七）を通して、あなたのあわれみを見つけますようにと、私は祈ります。あなたは彼を救うためにイエスを遣わされたのだと、彼の心の奥深くでわからせてください。なぜなら、「だれでも、イエスを神の御子と告白するなら」、あなたは「彼のうちに」住んでくださり、彼も「あなたのうちに」生きるのですから（第一ヨハネ四・一五）。

父よ、あなたは何も惜しまずにあなたの御子を私に与えてくださいましたから、私も私の息子をあなたにお渡しします。

それは全く正しいことです。なぜなら、彼は初めから、あなたから私への贈り物だったからです。「すべてのたましいは」あなたのものです（エゼキエル一八・四）。

主よ、私の息子を生き返らせてください！　彼のたましいに、永遠のいのちの息を吹き入れてください。

「永遠のいのちとは」、彼が「唯一のまことの神であるあなたと、あなたが遣わされたイエス・キリストを知ることです」（ヨハネ一七・三）。

「わが神、主よ。あなたがなさった奇しいわざ」は数知れず多くあります（詩篇四〇・五＊訳注・『聖書 新改訳』（第三版））。

父よ、どうかさらなるわざをなさってください！　私は、今日、彼があなたにあって生き返るだけではなく、あなたがそれだけで終わらせることのないようにと祈ります。

どうか、「すべてをはるかに超えて」行ってくださいますように。なぜなら、「あなたにとって不可能なことは一つもありません」（エレミヤ三二・一七）から！

第十一週　良い羊飼い

するとと、パリサイ人たち、律法学者たちが、「この人は罪人たちを受け入れて、一緒に食事をしている」と文句を言った。そこでイエスは、彼らにこのようなたとえを話された。「あなたがたのうちのだれかが羊を百匹持っていて、そのうちの一匹をなくしたら、その人は九十九匹を野に残して、いなくなった一匹を見つけるまで捜し歩かないでしょうか。見つけたら、喜んで羊を肩に担ぎ、家に戻って、友だちや近所の人たちを呼び集め、『一緒に喜んでください。いなくなった羊を見つけましたから』と言うでしょう。あなたがたに言います。それと同じように、一人の罪人が悔い改めるなら、悔い改める必要のない九十九人の正しい人のためよりも、大きな喜びが天にあるのです。」（ルカ一五・二～七）

テキサス州アマリロからニューメキシコ州アルバカーキまでは、長い道のりです。特に、子どもが「まだ着かないの？」と何度もうるさく聞くような年齢のときにはなおさらです。

でも、これは静かな瞬間でした。ブライアンは（ついに、やっと！）眠ってくれました。妻のキャリーは運転していました。私と娘のケイティは、後部座席に座り、道路の白線が過ぎ去るのを見ていました。

ケイティは車の中ではあまり眠りませんでした。それは私に似たのです。キャリーとブライアンはどこででも眠ることができますが、私とケイティはその反対で、目がパッチリと開いてしまうのです。

それは朝でした。砂漠の暑さを避けるために、私たちは朝早くから出発したのです。キャリーは親切な助言のつもりで言いました。「二人とも、目を閉じて少し眠ったらどう？」。

彼女は、「車の上のルーフラック（屋根の上にある積荷用のラック）に自分たちを巻きつけたらどう？」と言ってもよかったでしょう。私たちは、まるでそうでもしたかのように目がパッチリと開いていたのです。ケイティの本をすべて読み終わり、バービー人形でも遊び、覚えている限りのすべての歌を歌い尽くしました。でも、国道四十号は、無慈悲にも、ただずっと、ずっと、ひたすら長く、まっすぐに続いていました。

そのとき、ケイティが新しいアイデアを思いつきました。「お父さん、何かお話しして」。ケイティは私の話が大好きでした。そして、私が彼女にお話をするのが大好きなことも知っていました。突然、私たちにとってそのドライブは楽しいものになりました。ケイティのアイデアは大成功でした。「もっとお話しして！」。

話は一つ、また一つと続き、父親の想像力が尽きるまで続きました。「ケイティ、もう他の話は考えられないよ」「えー、お父さん、あと一つだけ考えてみてよ。他に何かお話、知らないの？」「そうだな。一つあるよ。そして、それはただのお話じゃないよ。すべての中で一番良いお話だよ。だってそれは真実だから」。

過去に何度かイエスの福音をケイティに分かち合ったことはありましたが、このときは違っていました。彼女が一語一語の言葉をつかみ取り、それらを心の中で思い巡らしているのを、そして、神が私に、主にしかできない方法で福音を明確に説明できるようにしてくださっているのを感じることができました。主の霊が働いていました。私はそれを感じ取ることができました。私は創造から復活までの救いのストーリーを説明しました。ケイティは集中して聞いていました。それが真理であると信じるかと私が尋ねたとき、彼女は頭を動かしてうなずきました。「イエス様に心の中に入って来ていただいて、罪を取り去ってもらうようにお願いしたい？」と私が聞くと、ケイティは即座に「うん！」と答えました。

私たちは頭を垂れて、ケイティはシンプルな言葉でしたが真剣に祈り始めました。それは、私が生きている限りずっと覚えているであろう、貴重な瞬間でした。キャリーと私は、娘がまだ幼いときだったにもかかわらず、あの瞬間、神が娘の人生に、何かとても特別なことをなさっておられたと理解しています。

時々、あの瞬間はもうずっと前の、一生涯も前のことのように思えます。それはほんの十年と少し前のことなのですが。ケイティは今大学生です。そして、彼女が思春期のときに下した決断は、時として胸が痛むものでした。私たちは時々夜に、私たちと同じような教会開拓者（新しい教会を始める牧師）の友人が言ったことを思い出したものでした。「教会開拓者というのは、自分の背中に的を描いて、悪魔に『僕を狙ってみろ』と言うようなものだ」。私たちの場合、悪魔は私たちの両方の子どもを狙っていったようです。

しかし、悪魔だけが子どもたちを追っていったのではありません。キャリーと私は祈りでもって彼らを追いかけているだけではなく、良い羊飼いであられる主が、彼らを取り戻そうと大きく進むのに追いついて行こうとしているのです。

ルカの福音書十五章の、いなくなった羊のイエスのたとえ話は、羊についての話であると同様に、羊飼いについての話でもあるのです。羊飼いは、一匹の羊がいなくなったと知ると、九十九匹の羊を「広い放し飼いの野原に」残して探しに行くほど、喪失感を感じるのです。そして、そのいなくなった一匹の羊を見つけると、大喜びで肩にかついで家に帰るのです。そして、彼は友達を呼んで祝宴を開くのです。イエスはこのたとえ話をこのように締めくくっています。「あなたがたに言います。それと同じように、一人の罪人が悔い改めるなら、悔い改める必要のない九十九人の正しい人のためよりも、大きな喜びが天にあるのです」。

このような喜びは、私に、あることを語ってくれます。良い羊飼いは、見つけるまで諦めないということです。たとえ、それが一生涯かかってもです。たとえその道が長く、キツく、上り坂だったとしても、主は耐え忍びます。主はその羊がどこにいるかをご存じで、そこにたどり着く道を見つけ出されます。

ですから、私たちはその探求が続いている間、いつも主の近くにいるようにベストを尽くさなければなりません。主がいつその羊を家に連れて帰るのか、私たちは知りません。ただ、主が探しておられるのは知っています。そして、それは私たちに追い求め続けるための希望を与えるはずです。たとえ主の羊が迷い出たとしても、その羊は、近くにいるかもしれません。すぐ近くの丘の上にいるのかもしれないのです。良い羊飼いはそれを知っておられ、私たちを驚かせます。

私はかつて、主が働かれるのを見ました。

国道四十号を西に向かって走っていたとき、荒野が約束の地へと開かれるのを、私は見ました。

私たちの祈りが答えられるのは、角をほんの少し曲がった所かもしれません。

恐れるな。わたしがあなたとともにいるからだ。

わたしは東からあなたの子孫を来させ、西からあなたを集める。

北に向かっては「引き渡せ」と言い、南に向かっては「引き止めるな」と言う。

わたしの息子たちを遠くから来させ、娘たちを地の果てから来させよ。

——イザヤ四三・五、六

第七十一日　私の子に対するあなたの夢

その後、わたしはすべての人にわたしの霊を注ぐ。あなたがたの息子や娘は預言し、老人は夢を見、青年は幻を見る。（ヨエル二・二八）

父よ、あなたは私の子に対し、言葉には表せないほどの美しいビジョンをお持ちです。あなたの「摂理は奇しく、その英知は偉大」です（イザヤ二八・二九）。あなたが彼女に計画してくださっていることを、私はただ想像することしかできません。父よ、私には自分の子に対する夢がとてもたくさんあります。

私は彼女に良いことを望んでいると信じています。でも、私の知恵には限界があります。そして、私の心は罪によって腐敗しています。

ですから、主よ、私はあなたが望んでおられることを望みます。彼女に対するあなたのビジョンを、彼女の将来に対するあなたの夢を。

あなたのうちには罪がありません（第一ヨハネ三・五）。あなたの道は完全です（第二サムエル二二・三一）。

あなたはこう約束されました。「わたしを呼べ。そうすれば、わたしはあなたに答え、あなたが知らない理解を超えた大いなることを、あなたに告げよう」（エレミヤ三三・三）。

彼女のために、私はあなたを呼びます。そして、あなたが答えてくださいますから、感謝します。

彼女の人生に対するあなたのビジョンを私が知るのではなく、彼女が知る必要があるのです。

あなたのすばらしさを、彼女が「味わい、知る」必要があるのです（詩篇三四・八＊訳注・NIVよりの日本語訳）。

彼女は、あなたが「苦難の日の砦」であり、あなたに「身を避ける者を知っていてくださる」と知る必要があります（ナホム一・七）。

彼女には、私よりもあなたがよくご存じの敵がいます。「私たちはサタンの策略を知らないわけではありません」(第二コリント二・一一)。

父よ、敵が私の娘に対して立てている策略がすべてうまくいかなくなるようにと、イエスの力強い御名によって、私は願い求めます。

父よ、私は彼女がまだ若いうちに、あなたの霊が私の娘を祝福してくださるのを見たいと切望します。

彼女があなたにあって幸せでありますように。いつの日か、彼女はあなたの御前に立つのだと知る知恵と喜びを、彼女の心に与えてくださいますように。

彼女の行くところどこにおいても、彼女はあなたを認める必要があります。そうして、あなたが彼女の「道をまっすぐに」してくださり(箴言三・六)、彼女に害をもたらす「罠から」のがれることができますように(箴言一四・二七)。

主イエスよ、彼女があなたから学びますようにと、私は祈ります。

あなたは「心優しく、へりくだって」おられます。

あなたのうちに、彼女はたましいに「安らぎ」を見つけます(マタイ一一・二九)。

主よ、彼女の安らぎとなってください。そして、彼女の「平和」となってください(エペソ二・一四)。

彼女の人生、彼女の目的、究極のゴールとなってください。これは、私の子に対するあなたの夢です。

おお、主よ、彼女の助け、彼女の望みとなってください！

「幸いなことよ　ヤコブの神を助けとし　その神　主に望みを置く人」（詩篇一四六・五）

父よ、どうか私の娘があなたに立ち返るよう、恵みを与えてください！

第七十二日　心を向けさせる

彼は、父の心を子に向けさせ、子の心をその父に向けさせる。（マラキ四・六）

主よ、私の心を息子に向けさせてくださることを感謝します。

彼のために祈ることは、なんという祝福でしょう！　この特権と、祈りに対する答えとして、あなたが彼の人生に働かれるのを見ることができる機会を、感謝します。

私は祈るにつれ、あなたがなんと彼を愛しておられることかと思わされ、あなたのいつくしみにより、彼の将来には「望み」があり、その望みは「断たれることはない」（箴言二四・一四）という真理を思い出します。

父よ、彼の心も立ち返らせてくださいますようにと、私はあなたにお願いします。「主に帰れ。そうすれば、主はあわれんでくださる。私たちの神に帰れ。豊かに赦してくださるから」（イザヤ五五・七）

父よ、息子と永遠に離れてしまうという思いは、私には耐えられません。

父よ、彼はあなたの御元に来なければなりません！　あなたは「救いの神」であられます（詩篇六八・二〇）。どうか彼を救ってください！　彼があなたに信頼するとき、彼を「すべての喜びと平安」（ローマ一五・一三）で満たしてください。今日、それが起こりますように！

私は祈ります。あなたが、聖霊によって、彼の内側から力付けてくださいますように。そして、信仰によって、彼の「心のうちに（キリストが）住んでいてくださいますように」と（エペソ三・一七＊訳注・『聖書 新改訳』〔第三版〕）。

父よ、あなたが彼の心に特別な方法で働かれるとき、彼の心を私にも向けさせてくださいますようにと、私はお願いします。

過去何年かは、本当に難しいときでした。そして、それが時々、私たちの間に距離をもたらしました。

父よ、あなたは彼の心に入る道をご存じで、私がどんなに彼を愛しているのかを知らせることがおできになります。

私は過去に起こったことに対して、彼を赦すことを選び取ります。主よ、ちょうどあなたが私を赦してくださったように（コロサイ三・一三）。

また、彼が私に対する「いっさいの苦味を捨て去る」（エペソ四・三一＊訳注・NIVよりの日本語訳）ことができるように助けてください。そうして、私たちがお互いに対して持っている愛を、また、あなたに対する愛を損なうことがありませんように。

主イエスよ、あなたはずっと昔、あなたを信じる者たちが「一つとなる」ようにと祈られました（ヨハネ一七・二一）。

私は祈ります。やがてある日、私と息子が、「同じ愛の心を持ち、心を合わせ、思いを一つに」することができますようにと（ピリピ二・二）。

私は、彼が、「死も、いのちも、御使いたちも、支配者たちも、今あるものも、後に来るものも、力あるものも、高いところにあるものも、深いところにあるものも、そのほかのどんな被造物も、私たちの主キリスト・イエスにある神の愛から、私たちを引き離すことはできない」と確信できるようにと祈ります（ローマ八・三八、三九）。

「私たちを愛してくださった方によって、私たちは圧倒的な勝利者です」（ローマ八・三七）

主よ、あなたの愛はすべてを克服します。あなたに対する私たちの心にも勝利をもたらしてくださいます！

第七十三日　争う者

まことに、主はこう言われる。「捕らわれ人は勇士から取り戻され、奪われた物も横暴な者から奪い返される。あなたが争う者と、このわたしが争い、あなたの子らを、このわたしが救う。」（イザヤ四九・二五）

主よ、私たちは争いをしかけられています。敵は私たち家族を激しく襲い、私の子を捕えて思うままにしています（第二テモテ二・二六）。彼は凶暴な者たちを遣わして、私の家族と子どもに対する望みを略奪しましたが、それは成功しないでしょう。

彼はあなたに属する者を奪おうと試みたのですから。

あなたが私の息子を造られました。そして、私は彼をあなたにゆだねました。

主よ、敵の後を追って行ってください！　私たちと「争う者と争って」ください！

あなたのものである者を奪い返してください！

あなたはあなたの民に、かつてこう仰せられました。「あなたの子らを、このわたしが救う」。

父よ、私の息子を救ってください！

私は、彼が「目を覚まして、その罠を逃れる」ことができますようにと祈ります（第二テモテ二・二六）。

敵の陣地で彼を目覚めさせてください。そして、「脱出の道」も備えてくださいますように（第一コリント一〇・一三）。

彼の手、足、心の鎖を解き放ってください。そして、彼があなたの御元に走って行くようにしてください。

あなたのみことばは、あなたが「敵をやみに追いやられ」、主に対して何を企んでも、「主はすべてを滅ぼし尽くす」（ナホム一・八、九＊訳注・『聖書 新改訳』（第三版））と語っています。

父よ、私はそのみことばを信頼しています。私はあなたに信頼しています！

私はあなたにお願いします。私の息子を、私たちから奪われたすべてのものを、あなたが奪い返してくださいますようにと。

敵を打ち負かし、この問題に断固たる終わりをもたらしてくださいますように。

私には、息子があなたの御元に戻って、その力強い御腕に支えられ、「罪から解放されて」（ローマ六・一八）いるのが見えます。

あなたの御声を聞いて、あなたに「ついて」行く者の中に彼がいますように。

あなたは彼らに「永遠のいのちを与え」られます。そして、誰もあなたの「手から（彼らを）奪い去りはしません」（ヨハネ一〇・二七、二八）。

主イエスよ、私は、私の息子が安全なあなたの愛へと導き入れられますようにと祈ります。

「悪者どもが弓を張り　弦に矢をつがえ　暗がりで　心の直《す》ぐな人を射抜こうとしている」（詩篇一一・二）

でも、私は、「信仰の盾」を取ります。「それによって、悪い者が放つ火矢をすべて消すことができます」（エペソ六・一六）。

父よ、あなたに「感謝」します。

あなたは「私たちの主イエス・キリストによって、私たちに勝利を与えてくださいました」（第一コリント一五・五七）。

その勝利が、今日、私の息子の人生にもたらされますように！

第七十四日　イエスに走って行く

主の名は堅固なやぐら。正しい者はその中に入って行って安全である。（箴言一八・一〇＊訳注・『聖書 新改訳』（第三版））

「イエスの御名は、信者の耳になんと甘く聞こえることか！

それは悲しみを和らげ、傷を癒し、恐れを締め出す[1]」

そうです！　主よ、あなたの御名は、私にとってとても甘いのです！

「この方以外には、だれによっても救いはありません。天の下でこの御名のほかに、私たちが

救われるべき名は人間に与えられていないからです」（使徒四・一二）

イエスよ、今日、私は自分の子どもの上に、あなたの御名をもって祈ります。あなたの御名には力があります！　私はあなたを呼び求め、私の息子を祝福してくださいますようにと、彼をあなたの御元に引き寄せてくださいますようにと祈ります。

あなたが彼の不思議な助言者（イザヤ九・六）となってくださり、彼にはあなたが必要であるのだと語ってくださいますようにと、私は祈ります。

あなたが、彼の「良い羊飼い」となってくださり、彼があなたを知り、あなたの御声に聞き従いますようにと、私は祈ります（ヨハネ一〇・一一、一四、一六）。

彼のいのちの日の限り、あなたの「いつくしみと恵みが」彼を追っていきますように、そして彼がいつまでも、永遠に、あなたの家に住まいますようにと、私は祈ります（詩篇二三・六）。

彼が行くところどこにでも、あなたが彼とともにいてくださいますようにと、私は祈ります。なぜなら、あなたは「インマヌエル……私たちとともにおられる」神ですから（マタイ一・二三）。

あなたは、「世の罪を取り除く神の子羊」（ヨハネ一・二九）であられます。彼をどうかあわれんでくださるようにと、私はあなたに懇願します。

あなたは、「私たちの罪」のための「宥めのささげ物」であられます。そして、御父の前で私たちのために弁護してくださる方であられます（第一ヨハネ二・一、二）。

あなたは、「私たちの義」であられます（エレミヤ二三・六）。

私は祈ります。あなたがいつの日か、私の息子にとってこれらすべてに、そしてそれ以上になってくださいますように。

彼があなたの御元に行き、あなたを信じますように、そうして、あなたが彼の「いのちのパン」となり、彼がもう「決して飢えることがなく……決して渇くことが」なくなりますようにと、私は祈ります（ヨハネ六・三五）。

あなたは「いのちの君」（使徒三・一五）であられます。息子のために、あなたが新しい人生のスタートを与えてくださいますようにと、私は願い求めます。そうして、あなたが彼のアルファであり、オメガであり、最初であり、最後であり、初めであり、終わりとなってくださいますように（黙示録二二・一三）。

どうか、あなたが彼の心の中に昇る（第二ペテロ一・一九）「輝く明けの明星」となってください！（黙示録二二・一六）

あなたが、彼にとって「栄光の望み」（コロサイ一・二七）となってくださいますように、彼の内側に住んでくださって、神の良きことすべてを彼に見せてくださいますようにと、願い求めます。

主、イエスよ。あなたの御名を信じる信仰によって、彼が「強く」されますようにと、私は祈ります（使徒三・一六）。

神はあなたに「すべての名にまさる名を与えられました」。それは、あなたの御名によって「天にあるもの、地にあるもの、地の下にあるもののすべてが膝をかがめ、すべての舌が」あなたが主であると告白するためです（ピリピ二・九〜一一）。

主よ、彼があなたの御元に走って行くようにしてください。そうして、彼が膝も心も、あなたの御前でかがめるようにしてください。

私は祈り求めます。彼が、あなたが主であると告白しますように、あなたの御名を呼びますように、そして、「救われ」ますように！（使徒二・二一）

＊1　ジョン・ニュートン「イエスの御名はなんと甘く聞こえることか」（How Sweet the Name of Jesus Sounds）『オルニー讃美歌』五八番

第七十五日　内側の美しさ

あなたがたは髪を編んだり、金の飾りをつけたり、着物を着飾るような外面的なもの（美しさ）ではなく、むしろ、柔和で穏やかな霊という朽ちることのないもの（美しさ）を持つ、心の中の隠れた人がらを飾りにしなさい。これこそ、神の御前に価値あるものです。（第一ペテロ三・三、四）

＊訳注・カッコ内NIVよりの日本語訳

父よ、彼女はどこを向いても、美しくあることにプレッシャーを感じています。雑誌も報道も、いろいろなセールストークや約束をもって、彼女を呼び込んでいます。でも、彼らが売っている美は、ただ外側のことだけです。ファッションはワンシーズンだけ輝くスタイルを見せつけていますが、それらは結局リサイクルショップに行き着きます。

ソロモンでさえ、彼のすべての知恵をもってしても、美貌によって迷い出され「心を転じ」るようにされました（第一列王記一一・三）。

主よ、彼女にはあなたの知恵が必要です。薄い皮膚層から、心の問題へと見ることができるように、彼女を助けてください。「麗しさは偽り。美しさは空しい。しかし、主を恐れる女はほめたたえられる」（箴言三一・三〇）

父よ、私は祈ります。あなたが彼女の目を、この世からあなたへと向けさせてくださいますように。

そして、彼女が「見て晴れやかになり、心は震えて、喜び」ますように（イザヤ六〇・五）。なぜなら、あなたが与えてくださる喜びのような幸せは、他にはないからです！

私はお願いします。彼女に、あなたにとって価値あるものを与えてくださいますように。それは、「柔和で穏やかな霊という朽ちることのない美しさ」です。

「外面的な飾り」以上に、「内面的な飾り」に価値を見出すように、彼女を助けてください。彼女に「力と気品を身につけ」させてください（箴言三一・二五）。

あなたのうちに休むことによって、彼女が「たましいを和らげ、静め」ますように（詩篇一三一・二）。

主、イエスよ。あなたの光と愛が、彼女の目の奥の内側から光り輝きますように。なぜなら、あなたは「信仰によって」、彼女の心のうちに住んでいてくださいますから（エペソ三・一七）。

彼女の内側の美しさがあまりにも明らかで、それが、他の人が彼女について最初に気づくことになりますように。

彼女を通して、人々があなたへと引き寄せられることが、あなたの祝福でありますように。

父よ、彼女をこの世の「意味のない」空虚さから守ってくださいますようにと、私は祈ります。

この世は若さの美しさに過度の価値を置いています。

彼女はあなたから尊ばれており、あなたの意見が他の何ものよりも大切なのだと、彼女にわからせてください。

そうすれば、彼女はあなたからいつも愛されていると分かるでしょう。

彼女に、確信に満ちて、こう言わせてください。「主は私の助け手です」（ヘブル一三・六）。

彼女が「信仰の結果であるたましいの救いを得」ることによって、「ことばに尽くせない、栄えに満ちた喜びに」満たされますように（第一ペテロ一・八、九）。

私は祈ります。彼女が望みをあなたに置きますようにと（第一ペテロ三・五）。そうして、あなたのすべてのすばらしさが、彼女をすべてにおいて美しくしてくださいますようにと。

内側から外側に輝く美しさへと。

第七十六日　すべての祝福

すべての良い贈り物、またすべての完全な賜物は、上からのものであり、光を造られた父から下って来るのです。父には、移り変わりや、天体の運行によって生じる影のようなものはありません。(ヤコブ一・一七)

父よ、私はなんと祝福されているのでしょう！　あなたは私に、キリストにある「すべての霊的祝福」を与えてくださいました（エペソ一・三）。すべての祝福です！　主よ、これらの祝福を私が数えることができるように教えてください。

それらのものに大きな喜びを見出すことができるように、そうして、私がもっと、「上にあるもの」（コロサイ三・一）に心を留めることができるようにしてください。

あなたが私たちに、あなたの子であることの確信を与えてくださっていますことを感謝します（ローマ八・一六）。

あなたが私に「無償で与えてくださった」御霊の賜物を感謝します（第一コリント二・一二＊訳注・NIVよりの日本語訳）。

イエスよ、あなたを知っていることの「すばらしさ」を感謝します。あなたこそが何にもまさる一番の祝福ですから！（ピリピ三・八）

「すべての霊的祝福」！　私は全くそれに値しない者ですが、すべての良いことの「相続人」（ガラテヤ四・七）です。

あなたはなんと驚くべきお方でしょう。私を愛し、私のために死んでくださったとは。

あなたは私に対する愛を、私の思いがまだあなたから遠く離れていたときに現してくださいました（ローマ五・八）。

父よ、ちょうどあなたが想像をはるかに超えて、私をあわれんで祝福してくださったように、あなたのあわれみと祝福を私の子にも与えてくださいますようにと、私はお願いしたいのです。

ちょうどイサクが「未来のことについて、ヤコブとエサウを祝福した」ように（ヘブル一一・二〇＊訳注・『聖書 新改訳』〈第三版〉）、私も、私の息子のために将来の祝福をお求めしたいのです。彼が思いを新しくすることによって、あなたを知ってあなたを愛するように、彼が変えられますようにと、私は祈り求めます（ローマ一二・二）。

彼の心と思いを、あなたの「知恵と知識の宝」（コロサイ二・三）によって変えてください。そうして、彼が他の何ものよりもあなたを求めますように。

恐れを締め出すあなたの「全き愛」でもって、彼のかたくなな思いに触れてください（第一ヨハネ四・一八）。

彼がこの世に背を向け、あなたに近づくとき、人の「すべての理解を超えた」あなたの平安が、彼の上にありますように（ピリピ四・七）。

父よ、あなたが彼を祝福したいと願っておられることを、私は知っています！

彼があなたから本当に祝福されるように、そのように生きるようにしてください。

「父がその子をあわれむように　主は　ご自分を恐れる者をあわれまれる」（詩篇一〇三・一三）

主、イエスよ。あなたのあわれみと愛の祝福を感謝します。

わたしはあなたをほめたたえます。なぜなら、あなたは「すでに世に勝ちました」から（ヨハネ一六・二二）。

あなたは「救いの神」であられます（詩篇六八・二〇）。

主よ、あなたの救いで彼を祝福してください。ちょうど、あなたが私を祝福してくださったように。

そしてそのとき、私たちはともにあなたをほめたたえるでしょう。「とこしえまでもあなたに感謝し　代々限りなく　あなたの誉れを語り告げ」るでしょう（詩篇七九・一三）。

第七十七日　代々に

あなたの真実は代々に至ります。（詩篇一一九・九〇）

主よ、あなたはいつも真実な方であられますことを感謝します。
私は、あなたの揺らぐことのない愛をほめたたえます。
「たとえ山が移り、丘が動いても、わたしの真実の愛はあなたから移らない」（イザヤ五四・一〇）
「神、主よ、あなたこそ神です。あなたのおことばは、まことです」（第二サムエル七・二八）

「主よ　あなたのみことばは　とこしえから　天において定まっています」（詩篇一一九・八九）

未来の世代のために、私はあなたの助けを求めます。父よ、まずは私の娘から。

私は、この世が向かっている方向を見るとき、「人の心は何よりもねじ曲がっている。それは癒やしがたい」（エレミヤ一七・九）ということを思い出します。

しかし、あなたは「癒やす」神であられます！（出エジプト一五・二六）

ですから、自分たちの子をあなたの御元に連れて行った親たちのように、主、イエスよ、私はあなたが私の娘に触れてくださいますようにとお願いします（マタイ一九・一三）。

彼女はあなたの近くにいるべきなのに、あなたの近くにいません。ですから、彼女の人生の中で起こっている今の状況を、彼女があなたへと立ち返るために用いてください。

父よ、あなたの民を、彼女の人生の道に置いてください。

そうして、彼女が説明できない方法で、彼女がその人たちに引き寄せられますように。

彼女に「偶然」を見させてください。そして、それが偶然以上のものであることを、わからせてください。なぜなら、あなたが彼女の心をとらえるために働いておられるのですから。

彼女が行くところにあなたが働いておられることを、彼女に見せてください。

なぜなら、あなたの「恵みで地は満ちて」いますから（詩篇三三・五）。

私は祈ります。彼女がもはや「罪の奴隷」ではなくなり、愛をもって自分の心をあなたに完全に明け渡しますように（使徒八・二三＊訳注・NIVよりの日本語訳）。

父よ、私が彼女の将来を考えるとき、彼女がいつの日か愛して結婚する男性のことも、私は祈ります。その人の人生にもあなたが働いていてくださいますように。彼が救われ、彼にあなたの道を見せてくださいますように。

私は祈ります。彼らの結婚が、あなたの無条件の変わらぬ愛によって建てられますように。そして、すべてにおいて、彼らの家庭にあなたが歓迎されますように。

また、あなたが彼らにお与えになる子どもたち、孫たち、ひ孫たち、そしてその子孫のことも祈ります。あなたが「幼子たち、乳飲み子たちの口」に賛美を用意してくださいますように（マタイ二一・一六）。

父よ、私はあなたをほめたたえます。なぜなら、「あなたにとって不可能なことは一つもありません」から（エレミヤ三二・一七）。

あなたは代々にわたって真実なるお方です。

ですから、あなたはこの祈りに完全にお答えになることができます。

そして、私は、あなたがなしてくださることのゆえに、あなたをほめたたえます。

第七十七日　代々に

第十二週　どんなことでもできるのです

人々はその子をイエスのもとに連れて来た。イエスを見ると、霊がすぐ彼に引きつけを起こさせたので、彼は地面に倒れ、泡を吹きながら転げ回った。イエスは父親にお尋ねになった。「この子にこのようなことが起こるようになってから、どのくらいたちますか。」父親は答えた。「幼い時からです。霊は息子を殺そうとして、何度も火の中や水の中に投げ込みました。しかし、もし、おできになるなら、私たちをあわれんでお助けください。」イエスは言われた。「できるなら、と言うのですか。信じる者には、どんなことでもできるのです。」するとすぐに、その子の父親は叫んで言った。「信じます。不信仰な私をお助けください。」（マルコ九・二〇〜二四＊訳注・二二節のみＮＩＶよりの日本語訳）

「もし、おできになるなら……」

これはあまり希望に満ちた言葉とは言えません。この言葉を発した男性は、息子のために考えられるすべてのことを試みました。実際、イエスの弟子たちさえもこの子を助けることができませんでした（マルコ九・一八）。

イエスはすぐに答えられました。「できるなら、と言うのですか。信じる者には、どんなことでもできるのです」。

その人は、その考えに飛びつきました。「信じます。不信仰な私をお助けください」。

私はこの祈りが大好きで、一度ならず何度も祈った覚えがあります。

あなたが放蕩している子の親であるならば、自分の信仰があらゆる方法で試されチャレンジを受けると気づくでしょう。時には、あなたの子が、あなたの信じるものに挑んできます。またあるときは、祈りへの答えが、望んでいたようにすぐには答えられないことに葛藤を覚えるでしょう。

不信仰でありながらも助けを懇願したその父親を、イエスが責められなかったことに、私たちは慰めを受けます。その父親の懇願に、イエスは行動をもってお答えになりました。イエスは霊的権限を用い、悪霊にこの子から出ていくようにと命じられました（マルコ九・二五）。

イエスがその男の息子を解放するように言われるその瞬間まで、男の信仰は変わっていませんでした。彼はなおも疑問を持ち、何かできることなどあるのだろうかと疑っていました。彼は自分の葛藤や不信仰に対して素直であり、イエスはそのありのままの透明な態度に優しく対応されました。

最も小さな信仰でさえも、イエスの御手に置かれたとき、山をも動かすことができます（マタイ一七・二〇）。私たちは、自分の上に非常に重くのしかかる状況をイエスに持っていくだけでなく、私たち自身をイエスに持っていく必要があります。

イエスの弟子たちは後になって「そっと」イエスに尋ねました。「私たちが霊を追い出せなかったのは、なぜですか」。イエスは答えられました。「この種のものは、祈りによらなければ、何によっても追い出すことができません」（マルコ九・二八、二九）。これ以前に、弟子たちは「汚れた霊を制する権威」を与えられていました（マルコ六・七）。イエスは弟子たちを遣わし、彼らは「多くの悪霊を追い出し、油を塗って多くの病人を癒やし」ました（マルコ六・一三）。それではなぜ、今回はできなかったのでしょうか。

答えは、弟子たちの質問の中にあります。イエスは、御父を離れては、「何も行うことができません」と言われました（ヨハネ五・三〇）。しかし、弟子たちはこう質問しました。「私たちが霊を追い出せなかったのは、なぜですか」。彼らの焦点は、もはや、神の権限にも神が答えてくださる力にもなく、彼ら自身にあったのです。

時として、私たちはできる限りのことをすべて試みて、それでも何もうまくいかないとき、最後に祈ります。イエスの答えは、祈りが私たちにとって「最後のとりで」ではなく、「初めの休息地」であるべきだということを表しています。*1 そのとき、私たちは、神の力が「弱さのうちに完全に現れる」（第二コリント一二・九）ということを発見するでしょう。

主が私たちのためにできることを求めるためだけではなく、私たちが主を求めて信仰によってイエスをつかむと、そのとき、主が私たちをつかんでくださり、新しい恵みの場へと引き上げてくださいます。自分と子どもの人生をコントロールするのを諦めて主の権限を慕い求め、新しい祈りに満ちて主に拠り頼むとき、私たちは「信じる者には、どんなことでもできるのです」という希望を発見します。

私たちは疑問や葛藤を持つかもしれません。しかし、それは、イエスがどなたであるかを変えることはありません。私たちは、「思い煩いを、いっさい神にゆだねる」ことができます。なぜなら、「神が（私たちのことを）心配してくださるからです」（第一ペテロ五・七）。あの日、苦悩し葛藤していた父へのイエスの言葉は、今現在、放蕩の子を持つ親へ向けられた言葉でもあるのです。「その子をわたしのところに連れて来なさい」（マルコ九・一九）。

私たちは、私たちの目を困難にではなく、神に向けて祈らなければならない。
——オズワルド・チエンバーズ

＊1　バンクス著『ともに祈るという失われた芸術』（*The Lost Art of Praying Together*）一二四頁

第十二週　どんなことでもできるのです

第七十八日　大きな獅子《しし》

身を慎み、目を覚ましていなさい。あなたがたの敵である悪魔が、ほえたける獅子のように、食い尽くすべきものを求めて探し求めながら、歩き回っています。（第一ペテロ五・八＊訳注・『聖書 新改訳』（第三版））

主よ、私には獅子の足跡が見えます。彼のすぐ後ろに。その足跡は、もうずいぶんしばらくの間、近くにあります。あまりにも近すぎます。私の息子は敵のテリトリーを歩いており、彼は危険な状態です。

彼がたどるすべての歩みはつけ狙われているのですが、彼にはそれが見えません。父よ、彼を助けてください！「主よ。ただあなただけが」彼を「安らかに住まわせてください ます」（詩篇四・八＊訳注・『聖書 新改訳』〔第三版〕）。

あなたが彼を守ってくださいますようにと、私は祈ります。

自分が歩んでいる道を彼が見回すようにしてください。そして、それがどこにも行かない道であると、彼に見させてください。

あなたが彼の向きを変えてくださるようにと、私は願い求めます。そうして、彼の足がもはや「悪に走る」（箴言一・一六）ことがありませんように。

彼が「悪を離れ、善を行う」ようにと、そして、あなたとの「平和を求め」るようにと、私は祈ります（詩篇三四・一四）。

父よ、彼を助けてください！　彼を「救う」ために「急いで」ください（詩篇三一・二）。

たとえ敵が彼を追い求めていったとしても、私はあなたにお願いします。

「ユダ族から出た獅子」はもっと早いのです（黙示録五・五）。

あなたの愛が彼を取り返し、彼がたどるすべての歩みを守ってくださいますように。

「主よ、私はあなたの救いを待ち望」んでいます（創世記四九・一八）。

敵が私の息子を攻撃するとき、あなたが彼のために、彼の「目の前」で「戦って」くださいますようにと、私は祈ります（申命記一・三〇）。

私はあなたをほめたたえます。あなたが彼の味方であられるので、私の息子は、すでに打ち負かされた敵に立ち向かっているのです。

あなたが彼を救い出されるとき、彼が、あなたが彼の魂にこう言われるのを聞きますように。「わたしが主である。ほかにはいない。わたしのほかに神はいない。あなたはわたしを知らないが、わたしはあなたに力を帯びさせる」（イザヤ四五・五）。

父よ、あなたはみことばの中でこう仰せられました。「わたしは目の見えない人に、知らない道を歩ませ、知らない通り道を行かせる。彼らの前で闇を光に、起伏のある地を平らにする」（イザヤ四二・一六）。

主よ、私の息子はあなたにその道へと導いていただく必要があります。彼の「嘆き悲しむ日が終わる」ように、暗闇から出て、あなたの御臨在の「永遠の光」の中へと導いていただく必要があります（イザヤ六〇・二〇）。

「あなたの御顔の光の中を歩む」者は、なんと幸いなことでしょう（詩篇八九・一五）。私は彼にあなたの祝福を知ってほしいのです。

「主イエスよ、来てください」（黙示録二二・二〇）
彼に必要な恵みを与えるために、早く来てください。
新鮮で力強い方法で、彼の人生へと来てください。
そうして、彼が彼の心をあなたに明け渡しますように！

第七十九日　地上で長く

子どもたちよ。主にあって自分の両親に従いなさい。これは正しいことなのです。「あなたの父と母を敬え。」これは約束を伴う第一の戒めです。「そうすれば、あなたは幸せになり、その土地で（地上で）あなたの日々は長く続く」という約束です。（エペソ六・一～三＊カッコ内NIVよりの日本語）

父よ、私はお願いします。私の娘があなたから祝福されるように生きることができるよう、あなたが彼女を助けてくださいますように。

あなたは、「父と母を敬う」者は祝福されると約束してくださいました。「そうすれば、あなたは幸せになり、その土地であなたの日々は長く続く」彼女は今、両親を敬うことに葛藤しています。彼女は従順が、より良い人生の代わりに、自分が望む人生を失うことにつながると考えています。

父よ、子どもたちは、「主にあって」両親に従うべきであると思い起こさせてくださいますことを感謝します。

私には、あなたなしでは親という職務を果たすことはできません。「あなたを離れては、私には何も良いことはありません」（詩篇一六・二＊訳注・NIVよりの日本語訳）あなたがともにおられるので、私は、反抗している子どもを育てるというチャレンジに立ち向かうために必要なものだけではなく、それらの挑戦に勝利するために必要なすべてのものを持っていますから、私はあなたをほめたたえます。

あなたのみことばは、私に確信を与えてくださいます。「世に勝つ者とはだれでしょう。イエスを神の御子と信じる者ではありませんか」（第一ヨハネ五・五）。

主よ、私はあなたを信じています。そして、私はあなたに感謝します。あなたは、私たちがこの時期を通り抜けることができるようにしてくださいますから。

私は祈ります。従うことが簡単でないときでも従うことを学ぶように、あなたが私の娘を助けてくださいますように。

従うとは弱いということではなく、強い品性の現れであると、彼女が分かるように助けてください。

主よ、私は祈ります。私もあなたに従うことができるように、どうか助けてください。あなたへの従順が、私があなたを愛していることを示す一番良い方法です。なぜなら、「神の命令を守ること、それが、神を愛することです」から（第一ヨハネ五・三）。

父よ、私は祈ります。私の娘もあなたに従順でありますように、そうして彼女がすべてにおいて「祝福され」ますように（ヨハネ一三・一七＊訳注・『聖書 新改訳』（第三版））。

彼女があなたを愛し、あなたに従うようにしてください！

彼女がこの世の方法で歩むとき、彼女は単にこの世と調子を合わせ、この世に従っているだけだと、そしてそこには自由がなく、全く独自性がないのだと気づかせてください。

私たちは「人に従うより」あなたに「従うべき」であると、彼女に理解できる恵みを与えてください（使徒五・二九）。

あなたを通してのみ、彼女は自分の真のアイデンティティを発見することができます。あなたが意図してくださった人物になるようにと、あなたが特別に創造してくださった人物に。父よ、私が娘と対立し、私たちの意志がぶつかるとき、その瞬間に、私にも同じように恵みを与えてください。

娘と私、私たち両方の人生に、完全に、全くそのとおりに「あなたのみこころがなりますように」（マタイ二六・四二）と、私は祈ります。なぜなら、あなたのみこころを行う者は、「永遠に生き続けます」から（第一ヨハネ二・一七）。

第八十日　裁判所で座っている

主よ　あなたがもし　不義に目を留められるなら　主よ　だれが御前に立てるでしょう。しかし　あなたが赦してくださるゆえに　あなたは人に恐れられます。（詩篇一三〇・三、四）

主よ、彼は大変な問題の中にいます。そして、彼にはあなたの助けが必要です。彼は自分ではもう手に負えない状況に直面していて、自分の行いの結果として受ける報いをまだ理解していません。

しかし、あなたは彼を愛しておられ、それが私にとって一番の希望です。

私はあなたのみことばにしがみつきます。「しかし、私たちがまだ罪人であったとき、キリストが私たちのために死なれたことによって、神は私たちに対するご自分の愛を明らかにしておられます」(ローマ五・八)。

あなたはこのことが起こると知っておられました。そして、それでも、彼を大きな愛で愛してくださいました(ヨハネ一五・一三)。

彼は今、それが必要です。どんな弁護士よりもです。

彼はあなたに「保証してくださる方(代弁者)」(ヨブ一六・一九＊訳注・NIVよりの日本語訳)となっていただく必要があります。

「主に帰れ。そうすれば、主はあわれんでくださる。私たちの神に帰れ。豊かに赦してくださるから」(イザヤ五五・七)

彼は他の何ものにも増して、あなたのあわれみを必要としています。

彼が責められていることに対してだけではなく、彼の心と魂に対して。

主よ、このことを用いてください。彼の心を変えるためにこの経験を用いてください。

そうして、あなたが彼を「あわれ」んでくださいますように(ローマ一一・三二)。

あなたの優しい愛が、彼を「悔い改めに」導いてくださいますように(ローマ二・四)。

「悔いのない、救いに至る悔い改めを生じさせる」、「神のみこころに添った悲しみ」が、彼の心を完全にあなたへと向けるようにしてください（第二コリント七・一〇＊訳注・『聖書　新改訳』〔第三版〕）。

もし私にできるのであれば、私はどんなことをしてでも彼を助けてあげたいです。私にできる彼への一番の助けは、彼とこの状況のすべてを、祈りによってあなたに持って行くことであると、私は知っています。

私は祈ります。私たちが裁判所で座っているとき、私たちが恐れることがありませんように。なぜなら、あなたが私たちとともに行ってくださり、あなたは決して私たちを「見放さず」、私たちを「見捨てない」のですから（申命記三一・六）。

私は祈ります。私の息子が裁判官の前に立つとき、彼が、「私たちはみな、神のさばきの座に立つことになる」（ローマ一四・一〇）のだと思い出しますように。

私はお願いします。私の息子が敬意を払い、賢く答えますように。あなたが彼に語らせることだけを彼が話しますように（箴言一六・一）。

私は祈ります。彼が「上に立つ権威に従い」ますように、どんな形でも反抗することがありませんように（ローマ一三・一、二）。

私は裁判官のためにも祈ります。あなたが彼に「上からの知恵」（ヤコブ三・一七）を与えてくださいますように。そして、彼が、私の息子に「益を与えるための、神のしもべ」でありますように（ローマ一三・四）。

私は祈ります。あなたがあなたの約束を成就するために、裁判官の心に働きかけてくださって、あわれみが「さばきに対して勝ち誇」りますように（ヤコブ二・一三）。

私はこのすべての中にあって、私を自由にするために（ヨハネ八・三六）、私を責める訴えのために、代わって立ってくださった（マタイ二七・一二）イエスの力強い御名によって祈ります。

第八十一日　そうすべきだった、そうしていたのに、そうできたのに

あなたがわたしの命令に耳を傾けてさえいれば、あなたの平安は川のように、正義は海の波のようになったであろうに。（イザヤ四八・一八）

主よ、やがてある日、彼女が後悔することになると、私には分かっています。そのときのために、私はこの祈りを先にしておきたいのです。

ある日、彼女が自分の人生を振り返り、自分が違った行動をしていたらよかったのにと思うことがあるでしょう。

彼女が私たちの間に起こった難しい出来事を後悔し、あなたが与えてくださったお互いに対する愛のゆえに、彼女の心は痛みを感じることがあるでしょう。

その日、主よ、あなたは「どのような苦しみのときにも、私たちを慰めてくださる」お方（第二コリント一・四）ですから、あなたが彼女をあなたの愛で安らかにしてくださいますようにと願います。

私は祈ります。彼女があなたの臨在を知り、あなたを自分の主、救い主としてあなたとともに歩む者に対し、あなただけが与えることのできる平安を、彼女が知りますように。

あなたが彼女に「優しく語りかけて」くださって、「その咎は償われた」と、語ってくださいますようにと、私は願い求めます（イザヤ四〇・二＊訳注・『聖書 新改訳』〈第三版〉）。

父よ、感謝します。私たちは、私たちのすべての「そうすべきだった、そうしていたのに、そうできたのに」という後悔を、あなたの御元に持って行くことができ、癒しと希望を見つけることができますから。

あなたが彼女の向きを変えてくださって、彼女の心を後悔だけに導く道からあなたへと引き寄せてくださいますように。

主イエスよ、私はあなたをほめたたえます。あなたにあって、毎日新しい始まりが可能ですから。

あなたにあって、私たちは天国と希望の「目標を目指して走って」行くことができますから（ピリピ三・一四）。

私たちは、「昔の月日のようであったらよいのに」（ヨブ二九・二）と思う必要がありません。なぜなら、あなたは私たちといつもともにいてくださるからです。

あなたは将来さえも完全にコントロールしておられます。

私たちは明日のことを恐れる必要はありません。なぜなら、あなたはすでにそこにおられるからです！

あなたは時を、あなたの御手の中に握っておられます。

主よ、あなたは、「私の咎を　私からすっかり洗い去り　私の罪から　私をきよめてください」ました（詩篇五一・二）。

私は祈ります。同じように、あなたの恵みが私の娘にまで届きますように。そうして、彼女が自分の過去に背を向けて、確信をもってあなたを見ることができますように。

あなたが彼女に、「先のことに心を留めるな。昔のことに目を留めるな」と言われるのを、彼女に聞かせてください（イザヤ四三・一八）。

私は祈ります。彼女が自分の罪を悔い改めますようにと、そして、彼女は完全に赦されているのだと知りますようにと。

あなたのみことばは約束しています。「だれでもキリストのうちにあるなら、その人は新しく造られた者です。古いものは過ぎ去って、見よ、すべてが新しくなりました」（第二コリント五・一七）。

私は祈ります。あなたが創造されるものを、彼女が「いついつまでも楽しみ喜び」ますように（イザヤ六五・一八）。そうして、あなたが彼女の喜びであり、彼女があなたの喜びとなりますように。

第八十二日　彼女がずっと欲しがっていたもの

義が平和をつくり出し、義がとこしえの平穏と安心をもたらす。（イザヤ三二・一七）

父よ、もし、彼女があなたとともに歩むなら、すべてが変わります。

彼女は、あなたにあって「平安を持つ」でしょう（ヨハネ一六・三三＊訳注・『聖書 新改訳』〈第三版〉）。

なぜなら、あなたが「私たちの平和」であられるからです（エペソ二・一四）。

彼女は、彼女に必要なすべての祝福を持つでしょう。なぜなら、あなたの恵みによって、あなたは決して「正しい者から目を離さない」からです（ヨブ三六・七）。

主よ、あなたは、なんと豊かで美しい人生を彼女のために計画してくださったことでしょう！

父よ、私は祈ります。聖霊が、「立ち返って落ち着いていれば、あなたがたは救われ、静かにして信頼すれば、あなたがたは力を得る」（イザヤ三〇・一五）と語ろうとしておられるのを、彼女が聞きますように。

彼女が自分の罪を悔い改め、あなたとの平和を持つようにしてください！

「義人はいない。一人もいない」（ローマ三・一〇）のですから、あなただけが与えることのできる義を、私は祈ります。それは、「聖霊による義と平和と喜び」です（ローマ一四・一七）。

彼女に「救いの衣」を着せてください（イザヤ六一・一〇）。

なぜなら、私たちの「義はみな、不潔な衣のようです」から（イザヤ六四・六）。

もし、彼女が、あなたに知恵を求めるならば、あなたは「惜しみなく、とがめることなく与えて」ください（ヤコブ一・五）。

私は祈ります。彼女の「喜びが満ちあふれるようになるため」に、彼女が求め、「受け」ますようにと（ヨハネ一六・二四）。

主よ、あなたは満ちあふれる喜びです！　どうか、彼女がそのことを見つけ出せるように助けてください。

そうすれば、彼女は自分がずっと欲しがっていたものが、あなたのうちにすべてであると分かるでしょう。

私は祈ります。彼女が「キリストの満ちあふれる祝福」(ローマ一五・二九*訳注・『聖書 新改訳』〔第三版〕)へと至りますように、そして、彼女が他の人々にとっての祝福となりますように！

もし、彼女があなたの御元に行き、あなたにとどまるならば、彼女は「多くの実を結びます」(ヨハネ一五・五)。

また、私は、彼女が他の人々をあなたへと指し示すことにおいても、多くの実を結びますようにと祈ります。

彼女が「実を結び、その実が残り」ますように(ヨハネ一五・一六)。

そして、「年老いてもなお　実を実らせ」ますように(詩篇九二・一四)。

聞く人々すべてに、あなたが彼女のためになしてくださったことを、彼女が確信を持って分ち合うようにさせてください。

でも、何よりもまず、「信じる者に働く神のすぐれた力が、どれほど偉大なものであるか」(エペソ一・一九)を、彼女にわからせてください。

おお、父よ、今日がその日でありますように！

第八十二日　彼女がずっと欲しがっていたもの

第八十三日　神はすべてのことを

神を愛する人々、すなわち、神のご計画に従って召された人々のためには、神がすべてのことを働かせて益としてくださることを、私たちは知っています。（ローマ八・二八＊訳注・『聖書 新改訳』〈第三版〉）

父よ、あなたは何も無駄にされないことに、私は驚きます。あなたは私たちが人生で経験する一つひとつの出来事に完全なる主権を持っておられます。幸せなときも、心が痛むときも、あなただけが与えることのできる良いものをもたらすために、あなたはそれらすべてを用いられます。

主よ、私が自分の子どもとの人生を振り返るとき、私はそれをどんなに違ったように想像していたことでしょう。

私は、私たちがともに直面したチャレンジを予期していませんでした。

そして、それらすべての責任が彼女にあるのではないと、私は知っています。

主よ、私は、自分も間違いを犯したと知っています。

あなたのあわれみと恵みを感謝します。あなたは私たち両方がいるその場で出会ってくださいますから。

彼女は目を開いて、「闇から光に」立ち返る必要があります（使徒二六・一八）。

私は自分にあなたの「永遠の愛」（エレミヤ三一・三）を思い出させる必要があります。そして、たとえ私がつまずいても、私は「倒れ伏すことは」ありません。なぜなら、あなたがその御手で私を支えてくださいますから（詩篇三七・二四）。

主よ、途中での予期していなかったあわれみのゆえに、私はあなたをほめたたえます。私が予想もしていなかった、明らかにあなたの御手のわざであったと分かる、良いことごとを。

あなたの「あわれみは尽きないからだ。それは朝ごとに新しい」（哀歌三・二二、二三）。これは、なんと真実でしょう。

父よ、私たちと毎日出会ってくださる新しいあわれみを感謝します！あなたの恵みの「絶大な富」を感謝します。あなたは私たちに、「キリスト・イエスにあって私たちに賜った慈愛」を示したいと望んでおられます（エペソ二・七＊訳注・口語訳）。私たちがあなたのほうを向くとき、私たちの前には良い日々が待っています。主よ、私たちがそうしますように、助けてください！

あなたのみことばは約束しています。「主を恐れる者には安全な砦があり、その子たちの避け所となる」（箴言一四・二六＊訳注・NIVよりの日本語訳）。

主よ、私の子にはあなたの避け所が必要です。彼女を安全に守るために、「御顔の前にひそかにかくまって」いただく必要があります（詩篇三一・二〇）。

「主よ　まことにあなたは　いつくしみ深く　赦しに富み　あなたを呼び求める者すべてに恵み豊かであられます」（詩篇八六・五）

父よ、私はあなたを呼び求めます。なぜならば、誰も「その偉大さは　測り知ることもできません」から（詩篇一四五・三）。

主イエスよ、私はあなたを呼び求めます。なぜなら、あなたはすでに「世に勝ちました」から

（ヨハネ一六・一三）。

聖霊よ、私はあなたを呼び求めます。なぜなら、あなたは「神の深み」にまで及んで探るからです（第一コリント二・一〇）。

主よ、あなただけが、私たちに嵐の中を安全に通らせることがおできになります。あなたはご自身の約束においてなんと真実であられ、私たちに対してなんといつくしみ深くあられることでしょう。

今日、私はあなたのみことばに立ちます。「私が主を求めると　主は答え　すべての恐怖から私を救い出してくださった」（詩篇三四・四）。

私はあなたをほめたたえます。あなたは、「ご自分を呼び求めるすべての人に豊かに恵みをお与えになる」神ですから（ローマ一〇・一二）。

第八十四日　楽しみの川

神よ。あなたの恵みは、なんと尊いことでしょう。人の子らは御翼の陰に身を避けます。彼らはあなたの家の豊かさを心ゆくまで飲むでしょう。あなたの（楽しみの川から）、あなたは彼らに飲ませなさいます。（詩篇三六・七、八＊訳注・カッコ内NIVよりの日本語訳）

「楽しみの川」。なんと美しい思いでしょう！

主よ、その川への道を、私の息子に見せてください。

その川に彼を頭から飛び込ませてください。そうして、彼にキリストの愛の「広さ、長さ、高さ、深さがどれほどであるか」（エペソ三・一八）を発見させてください！

私には、彼がその中で、喜びを顔に表して、水を飛び散らせているのが見えるようです。

その甘く、新鮮な水を彼に飲ませてください。

もう「決して渇くことがない」ように（ヨハネ四・一四）。

私は祈ります。あなたが、彼の魂のすべての願いを満たしてくださいますようにと。

あなたこそが、すべての楽しみの真の源であり、「いのちの水の泉」（エレミヤ一七・一三）であられます。

「すべての良い贈り物、またすべての完全な賜物は」あなたから来ます（ヤコブ一・一七）。

あなたは、あなたのみことばの中でこうおっしゃっています。「渇く者は来なさい。いのちの水が欲しい者は、ただで受けなさい」（黙示録二二・一七）。

あなたは、「渇く者」にはあなたの「いのちの水の泉からただで飲ませる」と約束なさっておられます（黙示録二一・六）。

主よ、彼は渇いています。でも、彼は今、あなただけが彼の渇きを満たすことができるのだと理解していません。

どうか、彼がそれを理解しますようにと、私は願い求めます。それが早ければ早いほど良いのですが。

良い羊飼いよ、私はあなたにお願いします。私の息子を、あなたの平安の澄んだ「いこいの水」へと導いてくださって、そこで、彼の魂を生き返らせてください（詩篇二三・二、三＊訳注・新改約聖書第三版）。

彼は悪魔の下水でもう十分というほど泳ぎました。

彼を「洗ってください。そうすれば」、彼は「きよくなります」（詩篇五一・七）。

あなたは「私がお任せしたものを、かの日まで守ることがおできになる」（第二テモテ一・一二）ので、彼の手をつかんでくださって、死をもたらす危険で汚れたこの世の逆流から、彼を引き上げてください。

主よ、彼を救ってください！　永遠のいのちの息を彼に吹き入れてください。

あなたが彼に意図してくださった、あなたの聖霊とあなたの愛で満たされた、清く美しい人物を、彼に見せてください。

救い主よ！　あなたの「義を、絶えず流れる谷川のように」流れさせてください（アモス五・二四）。

「神と子羊の御座から出て」いる、「水晶のように輝く、いのちの水の川」のゆえに（黙示録二三・一）、私はあなたをほめたたえます。

彼が、あなたのいのちの水によって引き上げられ、新しい恵みの場へと運ばれますように。

そうすれば、彼は他の人たちにその川への道を示すでしょう。なぜなら、彼の「心の奥底から、生ける水の川が流れ出るようになる」からです（ヨハネ七・三八）。

そして、私たちはともに、あなたの喜びの中で泳ぎ続けるでしょう！

第十三週　神のタイミング

イエスはその話をそばで聞き、会堂司に言われた。「恐れないで、ただ信じていなさい。」（マルコ五・三六）

時に神は、私たちが願い求めているものをお与えになりません。私たちが本当に望んでいるものを与えることができるように、神はそうなさるのです。

それが、モニカに起こったことでした。彼女は九年以上も、息子、アウグスティヌスがキリストの元に来るようにと祈り続けました。彼女があまりにも情熱的に祈ったので、その町の司教は、「これらの涙の子が滅びることなどあり得ない」[*1]と言いました。

　しかし、モニカが祈れば祈るほど、息子は神からさらに遠く離れていきました。彼が北アフリカの家を離れ、当時、悪と堕落の中心だと言われていたローマに渡航しようとしていると知るや、モニカは取り乱し、船が停泊している港へとずっと彼を追って行きました。

　そこで、息子は母をだましました。

　アウグスティヌスは、友人が渡航する準備ができるまでは離れられないとモニカに言いました。そして、その夜は、港の教会で少し休むように勧めました。アウグスティヌスはモニカが眠っているすきに、出発したのです。翌朝、彼女は港を見て、船は息子を連れて出航してしまったと知ったのです。モニカが祈っていたことは起こりませんでした。

　しかし、アウグスティヌスが彼の心を神に明け渡したのは、ローマでした。彼の人生は永遠に変えられ、神は世代を超えて、人々にイエスを信じるように霊感を注ぐために、アウグスティヌスの信仰を用いられたのでした。

　アウグスティヌスは後年、母を残して去ったその夜のことを、彼の書物『告白』の中でこう記しています。「風が吹いて、われわれの船の帆をはらませ、岸辺はわれわれの視界を遠のいた。

そしてその岸辺に、翌朝、母は、悲しみで、気も狂わんばかりになり、嘆きとため息であなたの耳を満たしていたが、あなたはそれを省みられなかったのであった」。彼は鋭い洞察力でこう結論付けています。神は「深く思いを巡らせて、母の願望の要点は聞きとどけられたが、母がつねに求めていたものに、わたしを仕上げられようとして、母がそのとき求めていたものを心にかけられなかった[*2]」。

祈っていることが起こらないと、簡単に落胆してしまいます。

私は、ヤイロはどう感じたのかと思わずにはいられません。彼はイエスの元に来て、「その足もとにひれ伏して、こう懇願した。『私の小さい娘が死にかけています。娘が救われて生きられるように、どうかおいでになって、娘の上に手を置いてやってください』」。彼らがヤイロの家に向かっている途中、長年の病を患った一人の女が、群衆の中を押しくぐってイエスに触れました。「イエスも、自分のうちから力が出て行ったことにすぐ気がつき、群衆の中で振り向いて言われた。『だれがわたしの衣にさわったのですか』」。

もし、私がヤイロだったら、「私の娘は死にかけているのです。それなのに、あなたはそんな質問をするために群衆の中で立ち止まるのですか」と思ったことでしょう。弟子たちでさえ、声を出して驚きました。「ご覧のとおり、群衆があなたに押し迫っています。それでも『だれがわたしにさわったのか』とおっしゃるのですか」。

イエスはただ立ち止まっただけではありません。イエスは待ち続けたのです。「しかし、イエスは周囲を見回して、だれがさわったのかを知ろうとされた。彼女は自分の身に起こったことを知り、恐れおののきながら進み出て、イエスの前にひれ伏し、真実をすべて話した」。

ヤイロにとっては、これはさらなる遅れを意味しています。そして、彼の家から人がやって来て、同情もなくこう言いました。「お嬢さんは亡くなりました。これ以上、先生を煩わすことがあるでしょうか」。

イエスは彼らを無視されました。そして、イエスはヤイロに言われました。「恐れないで、ただ信じていなさい」。

あなたはこの話の結末を知っているでしょう。イエスはヤイロの家に行きました。そして、泣きわめく者たちは、イエスをあざ笑いました。主は彼らを外に追い出し、その少女を生き返らせました（マルコ五・二一〜四三）。

放蕩の子のために祈ることは、あなたの信仰を引き伸ばします。特に困難なときに助けとなるのは、神のタイミングが私たちのタイミングとは大概は違うのだと覚えていることです。事態は悪い状態からさらに悪化するように思えるかもしれません。しかし、神はその状況の上に完全な権威を持っておられます。希望が失われてしまったかのようでも、それはただ単に、神はまだ終わらせていないのだということを意味しているのです。

時々、なぜ私たちは祈り続けるのだろうかと思ってしまいます。そのようなとき、心無くあざ笑う疑いの声は、決してラストワード（最後の言葉）とはならないのだと覚えておくことは良いことです。言葉は神のものです。イエスはご自身の独自のペースで動かれます。そして、主は決して遅れることなどありません。かつて子を案じる親にかけられたイエスの助言は、今日の私たちにも語られています。「恐れないで、ただ信じていなさい」。

神は真実なお方です。そして、神は私たちの祈りに、神のパーフェクトなタイミングで、神のパーフェクトな知恵にあって答えられます。神のみことばは、神の思いと神の道は私たちの思いや道よりも「高い」と思い起こさせてくれます（イザヤ五五・九）。神は決して、慌てふためいたり、遅れたりなさいません。そして、何ものも、神が目的を果たされるのを止めることはできません。私たちには主が来られるのが見えないかもしれませんが、主は、すべてを良きに変える、いのちを与える方法で、今にも来られるかもしれないのです。ほんのすぐ角を曲がった所で、私たちは神がずっと意図しておられた恵みに巡り合うかもしれません。

ヤイロとモニカが体験した喜びの発見は、私たちにも同じようにあるのです。

希望は失われていません。それはただ単に、別の道を通っているのです。

私が全知全能の神と関わっているとき、単なる死ぬべき人間である私は、私の願い事を、継続的にだけではなく、忍耐をもってささげなくてはならない。いつかある日、私にはそれがなぜか分かるだろう。

――ルース・ベル・グラハム

＊1　六九頁・注参照

＊2　聖アウグスティヌス『告白　上』服部英次郎訳（岩波書店）第五巻第八章より。

第八十五日　私たちとともにいる者

すると彼は、「恐れるな。私たちとともにいる者は、彼らとともにいる者よりも多いのだから」と言った。そして、エリシャは祈って主に願った。「どうぞ、彼の目を開いて、見えるようにしてください。」主がその若い者の目を開かれたので、彼が見ると、なんと、火の馬と戦車がエリシャを取り巻いて山に満ちていた。（第二列王記六・一六、一七）

主よ、私はあなたがどのようなお方かと思い巡らすとき、ただシンプルに驚きます。あなたのみことばは、あなたの周りには「無数の御使いたちの喜びの集い」があると言っています（ヘブル一二・二二）。

あなたは、私たちの子について、「彼らの御使いたちは、天におられるわたしの父の御顔をいつも見ている」とおっしゃいました（マタイ一八・一〇）。

主よ、あなたはなんとすばらしいのでしょう！

「人とは、何ものなのでしょう。あなたがこれを心に留められるとは」（詩篇八・四＊訳注・『聖書新改訳』〔第三版〕）

あなたは、「聖であって輝き、たたえられつつ恐れられ、奇しいわざを行われる」お方です（出エジプト一五・一一）。

これを覚えておくことは助けとなります。時々、私と私の子は、自分たちよりもずっと大きなものにぶつかっているように思います。

私たちが生きている時代は、文化やメディアなど、これらすべてのものが、私たちのコントロールを超えて私たちの人生に影響を与えます。

しかし、私はあなたをほめたたえます。これらはあなたのコントロールを超えることができませんから。

私はあなたに感謝します。ある日、「天にあるもの、地にあるもの、地の下にあるもののすべてが膝をかがめ、すべての舌が『イエス・キリストは主です』と告白」しますから（ピリピ二・一〇、一一）。

あなたは、私たちが直面するすべてのチャレンジの上に支配しておられる主であり、すべての歴史はあなたの導きによって動いています。あなたは「全世界をさばくお方」です（創世記一八・二五＊訳注・『聖書 新改訳』〔第三版〕）。

主イエスよ、私はあなたに感謝します。「患難、苦しみ、迫害、飢え、裸、危険、剣」もあなたの愛から「私たちを引き離すことはできません」から（ローマ八・三五、三九＊訳注・『聖書 新改訳』〔第三版〕）。

私の息子にはあなたの愛が必要です。そして、彼はあなたを知る必要があります。彼は今、「過ぎ去」っていく（第一コリント七・三一）「この世の流れ」（エペソ二・二）に心を動かされています。「どうぞ、彼の目を開いて、見えるようにしてください」

あなたがエリシャのしもべの目を開いてくださったように、私は祈ります。私の息子が、「あなたに並ぶ者はない」（詩篇八六・八）ことを見ることができるよう、あなたが助けてくださいますように。

彼に恵みを与え、彼があなたの側につきたいのだと分かるようにしてください。なぜなら、「私たちとともにいる者は、彼らとともにいる者よりも多いのだから」です。

ある日、あなたはすべての歴史を終わりにされます。

主イエスよ、あなたが戻って来られるその日、私たち両方が準備できていますようにと、私は祈ります。

そのとき、私たちは「義の宿る新しい天と新しい地を待ち望」むことでしょう（第二ペテロ三・一三）。

そこでは、「主を知ることが、海をおおう水のように地に満ち」ています（イザヤ一一・九）。

第八十六日　愛するための力

私たちをキリストの愛から引き離すのはだれですか。患難ですか。苦しみですか。迫害ですか。飢えですか。裸ですか。危険ですか。剣ですか。（ローマ八・三五＊訳注・『聖書 新改訳』（第三版））

「主。わが力。私はあなたを愛しています」（詩篇一八・一＊訳注・NIVよりの日本語訳）

私はあなたを愛しています。なぜなら、あなたは私に恵みを与えてくださったからです（エペソ一・六）。

あなたは私を「世界の基《もとい》の据えられる前から」愛してくださいました（エペソ一・四）。

私が完全に迷い出て「背きの中に死んでいた」ときに、あなたは私を愛し、いのちを与えてくださいました（エペソ二・四、五）。

主よ、あなたは愛です！（第一ヨハネ四・一六）「あなたの愛はいのちにまさります」（詩篇六三・三＊訳注・NIVよりの日本語訳）。

あなたの愛は私を「駆り立てます」（第二コリント五・一四＊訳注・NIVよりの日本語訳）。

主よ、私はあなたの愛の中に生きたいです。

私はすべての徳の上に、「愛を着け」たいです（コロサイ三・一四）。

私は信仰と希望と愛をもって生きたいです。

「その中で一番すぐれているのは愛です」（第一コリント一三・一三）

「愛は決して絶えることがありません」（第一コリント一三・八）

私が話す前から、他の人が私からあなたの愛を感じ取ることができるようにと、私は望みます。

特に私の息子が感じ取ることができるようにと。

私の息子はあなたからのギフトであり、祝福です。父よ、私は彼をものすごく愛しています！

でも、私は彼を自分が愛せる限り愛していますが、あなたは彼をもっと愛しておられます。

あなたの愛は完全です！　あなたの愛は「とこしえからとこしえまで」あります（詩篇一〇三

・一七）。

彼にはあなたの愛が本当に必要です。

主よ、私を通して愛してください！　彼をあなたに引き寄せるために、私を通してあなたの愛を流れ出してください。

私は愛とは何かを知っています。なぜなら、あなたが「ご自分のいのちをお捨てに」なり、犠牲的にささげる愛をもって私を愛してくださったことにより、私に愛を示してくださったからです（第一ヨハネ三・一六）。

父よ、あなたが愛するように私が愛せるように、どうか私に恵みを与えてください。

彼を愛することが難しいとき、彼を愛する力を与えてください。

彼を愛せるように助けてください。彼に対して寛容になれますように。なぜなら、「愛は寛容」ですから（第一コリント一三・四）。

私が「愛をもって真理を語る」ことができるように助けてください（エペソ四・一五）。そうして、あなたのみことばを彼に分かち合うことができますように。

彼が何か悪いことをしたとき、私が彼を懲らしめるほど愛せるように助けてください。なぜなら、「主はその愛する者を懲らしめる」からです（ヘブル一二・六＊訳注・『聖書　新改訳』〈第三版〉）。

彼が何か正しいことをしたとき、私が彼を一番に褒める者でありますように。なぜなら、愛は「真理を喜ぶ」からです（第一コリント一三・六）。父よ、あなたは「怒るのに遅く、恵み豊かであり、咎と背きを赦して」くださいます（民数記一四・一八）。

私はそのように、「すべてを耐え、すべてを信じ、すべてを望み、すべてを忍ぶ」愛をもって、彼を愛したいです（第一コリント一三・七）。

父よ、私は愛することを選び取ります。ちょうど、あなたが私を愛することをお選びになったように。

私が「一切のことを、愛をもって行う」（第一コリント一六・一四）ことができるように、私をあなたの新しい霊で満たしてください。

主よ、あなたと息子に対する私の「愛を……豊かにし、あふれさせてくださいますように」（第一テサロニケ三・一二）。そうして、いつの日か、彼がそれによってあなたをほめたたえ、心を尽くし、思いを尽くし、知性を尽くし、力を尽くしてあなたを愛しますように（マルコ一二・三〇＊訳注・『聖書 新改訳』〔第三版〕）。

第八十七日　隠れ場

あなたは私の隠れ場。あなたは苦しみから私を守り　救いの歓声で　私を囲んでくださいます。

（詩篇三二・七）

私は、子どもとかくれんぼをして遊んだことを覚えています。私たちは一緒に、本当に楽しみました！

彼女は見つけられることが大好きでした。私は彼女を自分の腕で抱き上げ、抱きしめました。

そして、私たちは一緒に笑いました。

主よ、私の脳裏にはあなたがそうなさった様子が浮かびます。

あなたは子どもたちを抱き、彼らを祝福されました（マルコ一〇・一六）。

私は、あなたがまた、私の娘にそうしてくださいますようにと、祈り求めます。

あなたは、「御腕に子羊を引き寄せ、ふところに抱きかかえて運んでくださる」（イザヤ四〇・一一＊訳注・NIVよりの日本語訳）羊飼いです。

主よ、彼女はあなたに触れていただく必要があります（ルカ一八・一五）。

彼女は、あなたに手を握っていただいて、あなたの御名のために、「義の道に」導いていただく必要があります（詩篇二三・三）。

娘が幼かった頃、彼女は自分の手で目を覆って隠れようとしていました。それで十分隠れたつもりでいたのです。

父よ、それは彼女が今、試みようとしていることです。

あなたはその歩みをすべて見ておられるのに（ヨブ三四・二一）。

私は自分があなたから隠れようとしたことを思い出します。でも、あなたはいつくしみ深い愛の中で、私に分からせてくださいました。「私はあなたの御霊から離れて、どこへ行けましょう。私はあなたの御前を離れて、どこへのがれましょう」（詩篇一三九・七＊訳注・『聖書 新改訳』（第三版））。

造られたもので、あなたの御前で隠れおおせるものは何一つありません（ヘブル四・一三）。

私は、あなたが彼女の目を開いてくださって、あなたが彼女に召してくださった「望み」を知ることができますようにと祈ります（エペソ一・一八）。

私は、彼女がもうあなたから逃げるのではなく、あなたに向かって走りますようにと祈ります。なぜなら、あなたは彼女の心を自由にしてくださったからです（詩篇一一九・三二＊訳注・NIVより の日本語訳）。

父よ、私は、あなたが彼女の「隠れ場」でありますようにと祈ります。そうすれば、あなたは彼女を苦しみから守り、「救いの歓声で」取り囲んでくださいます（詩篇三二・七）。ちょうど、あなたが私にそうしてくださったように。

娘が、あなたの翼の下に「避け所を求めて」行きますように（ルツ二・一二＊訳注・『聖書 新改訳』〔第三版〕）。

そして、静かで小さなあなたの霊の声が、彼女は愛されているのだと言うのを、「かすかな細い声（ささやき）」の中で聞きますように（第一列王記一九・一二）。

親愛なる主よ、彼女をすべてにおいて元に返し、救うために、彼女の上にあなたの「御顔を照り輝かせてください」（詩篇八〇・三）。

そうすれば、彼女は「全能者を自分の喜びとし」、あなたに向かって彼女の顔を上げるでしょう（ヨブ二二・二六）。彼女の顔は、あなたの光と愛で光り輝くでしょう。なぜなら、あなたの御顔を仰ぎ見る者は輝き、彼らの顔は、決して辱められることがないからです（詩篇三四・五）。

第八十八日　いつもそこにいる

見よ。わたしは世の終わりまで、いつもあなたがたとともにいます。（マタイ二八・二〇）

両親について言われる褒め言葉の一つは、「私のために、彼はいつもそこにいてくれた」です。

父よ、私は祈ります。私の娘がいつか、私についてそのように言いますように。

私はあなたに感謝し、あなたをほめたたえます。私はあなたについてそのように言えますから。

私がどこに行っても、あなたのすばらしい御霊が私とともにおられます。

「たとえ　私が天に上っても　そこにあなたはおられ　私がよみに床を設けても　そこにあな

たはおられます」（詩篇一三九・八）

私は決して一人ではありません。あなたのいつくしみによって、あなたは私をあなたの近くに引き寄せてくださり、「いつまでも　あなたの御前」で私を祝福してくださいます（詩篇四一・一二）。

私が世界の反対側へ行っても、たとえ、宇宙の深い領域まで行ったとしても、「そこでも　あなたの御手が私を導き　あなたの右の手が私を捕らえます」（詩篇一三九・一〇）。ただ単に、あなたとともにいること以外に、何が重要でしょう。

私には「あなたのほかに」、いったい何が必要でしょう（詩篇七三・二五）。

主よ、私はあなたに一つのことを願い求めます（詩篇二七・四）。

あなたはいつも私とともにおられ、いつの日か、私はあなたとともにいるようになると知っているので、私は祝福されているのですが、私は、私の子もあなたを愛しますようにと慕い求めるのです。

あなたのみことばは、「あなたのしもべたちの子らは　住まいを定め　彼らの裔は　御前に堅く立てられます」（詩篇一〇二・二八）と語っています。

あなたのいつくしみと恵みによって、「ああ　主よ　私はまことにあなたのしもべです」（詩篇一一六・一一八)。

私は祈ります。私の娘が、まずこの地上であなたを信じる信仰を持つことによって、天で、また後にくる御国で、あなたの御前に生きますようにと。

彼女に対する私たち親の愛がどんなに強いか、でも、彼女に対するあなたの愛と比べたら、それも薄れるほどあなたの愛が強いことを、娘が心の中で知りますように。

すべての愛はあなたからきます。あなたのみことばはこうも言っています。「私の父　私の母が私を見捨てるとき」は、あなたが「私を取り上げてくださる」(詩篇二七・一〇)。

主イエスよ。あなたが、彼女のために、あなたの御腕を伸ばしてくださっていることを感謝します。

彼女があなたを受け入れたことが疑いないものとなりますように。

そうして、あなたが彼女を永遠に受け入れてくださいますように。

あなたを「受け入れた人々」、あなたの御名を「信じた人々」に、あなたは「神の子どもとなる特権をお与えに」なりました(ヨハネの福音書一・一二)。

父よ。私は、その特権が彼女のものとなりますようにと祈ります。そして、今日もまた、彼女をあなたにささげます。

彼女は私の子です。でも、私は、彼女があなたの子でもあることを望むのです。ちょうど、あなたが私を、イエスにある言いようもないあわれみによって、あなたの子としてくださったように。

第八十九日　彼はあなたのもの、私もあなたのもの

マリアは言った。「ご覧ください。私は主のはしためです。どうぞ、あなたのおことばどおり、この身になりますように。」すると、御使いは彼女から去って行った。（ルカ一・三八）

父よ、マリアの応答には驚くばかりです。御使いが彼女の人生をひっくり返すニュースを伝えた後で、彼女はただシンプルに言いました。「私は主のはしためです」。彼女は、「私が妊娠したと知ったらヨセフは何と言うでしょうか」とか、「人々はどう思うで

しょうか」などと質問しませんでした。

彼女はただ単に、彼女自身と彼女の息子をあなたにささげてゆだねました。

父よ、私も同じことをしたいです。

彼は私の手の中にあるよりも、あなたの御手の中にあるほうがずっと良いと、私は知っています。でも、それは簡単なことではありません。彼は私の息子です。彼はあなたからの贈り物でもあります。

私は彼を愛しているので、彼を守りたいのです。

私は彼を痛みや傷害から守りたいのです。

すべてにおいて彼をささげてゆだねるという思いは、私の魂を直撃します。

私はシメオンがマリアに言ったことを思い出します。

「あなた自身の心さえも、剣が刺し貫くことになります」（ルカ二・三五）

私は、自分の息子が十字架にかけられるのを見て、マリアが通ったところを想像することができません。

しかし、父よ！　あなたは同じところを通ってくださいました。彼はあなたの御子でもあられたのです。

そのことが、私に希望を与えるのです。そして、私の息子をあなたにささげてゆだねることが安全であると、私に教えてくれるのです。「私たちすべてのために、ご自分の御子さえも惜しむことなく死に渡された神が、どうして、御子とともにすべてのものを、私たちに恵んでくださらないことがあるでしょうか」(ローマ八・三二)。

主よ、私が息子を手放せず、自分のものとしたがることをお赦しください。あなたがあなたの御子を私に与えてくださったのに、どうして私が私の息子をあなたに与えないでいられましょう。

ですから、私はあなたの御子、私の救い主とともに祈ります。「私の願いではなく、みこころがなりますように」(ルカ二二・四二)

私は、私の息子をあなたの御手の中に置きます。彼は他の何ものよりも、あなたを必要としています。あなたは「すべてのものを、私たちに恵んで」くださるので(ローマ八・三二)、私は願い求めます。あなたが彼に恵みを与えてくださって、彼があなたを受け入れますように。そうして、彼が神ご自身の満ち満ちたさまにまで、満たされますように(エペソ三・一九)。

私は願います。彼が「キリスト・イエスを知っていることのすばらしさのゆえに、……すべてを損と思い」ますように(ピリピ三・八)。

主よ、あなたはご自身でこう仰せられました。「（人は）たとえ全世界を手に入れても、自分のいのちを失ったら、何の益があるでしょうか」（マルコ八・三六）。

父よ、私が自分の頭だけでなく、心までもあなたの御前に垂れ、ひれ伏したときにやってくる平安を、感謝します。

私は心の中で、キリストを主としてあがめます（第一ペテロ三・一五）。

そして、やがてやってくる祝福ゆえに、あなたに感謝します。

第九十日　私は信じます

私たちは見えるものによらず、信仰によって歩んでいます。（第二コリント五・七）

父よ、私は信じます。

私は、私が自分の子どものために祈ることをあなたが望んでおられると信じます。なぜなら、私の祈りは娘の人生に益となる大きな違いをもたらすからです。

私は、あなたが、この地上での娘に対する私の願いではなく、彼女の永遠に対するあなたのビジョンに関して、理由があって、私に彼女を与えてくださったと信じます。

私は、私が彼女のために「祈りに励む」（コロサイ四・一二）ようにあなたが望んでおられると信じます。そうして、祈りを通して、事態が良い方向へと変わっていくように望んでおられると信じます。

現状がどう見えるかにもかかわらず、また、他人が何と言うかにもかかわらず、通常のこの世の知恵がどんなふうに娘の将来を予測するかにもかかわらず、私はあなたを信じます。

私は他の何ものよりもあなたを慕い求めます。

なぜなら、「あなたは、永遠のいのちのことばを持っておられます」（ヨハネ六・六八）。

私は「見えるものによらず、信仰によって」歩みます。そして、いつでも希望を握りしめています。「この希望は失望に終わることがありません」。なぜなら、あなたは、あなたが私たちに与えてくださった「聖霊によって」、あなたの愛を「私たちの心に注いで」くださったからです（ローマ五・五）。

ヤコブが格闘したように、「私はあなたを去らせません。私を祝福してくださらなければ」（創世記三二・二六）。そして、あなたは私を決して去らせませんから、私はあなたをほめたたえます。

なぜなら、あなたは仰せられました。「わたしは決してあなたを見放さず、あなたを見捨てない」（ヘブル一三・五）。

私は娘のために、彼女があなたにどんなに愛されているのか分かるまで、祈りに祈って耐え忍びます。

主よ、私は、娘があなたを愛するようになってほしいのです。

そして、いつかある日、彼女が完全に、思いきり、喜んであなたを愛すると、私は信じます。

主よ、私は信じます。なぜなら、あなたのみことばは、私にこう言っているからです。「信仰がなければ」あなたに「喜ばれることはできません」。あなたに近づく者は、あなたがおられることと、あなたを求める者には報いてくださる方であることを、信じなくてはならないのです（ヘブル一一・六）。

私は信じます。私が心を尽くしてあなたを求めるとき、あなたは私に報いてくださいます。そして、私の娘があなたに立ち返るとき、彼女を祝福してくださいます。

私は信じます。あなたが彼女のために備えてくださっている未来は、「恵みと平安」に満ちた美しいものであると（第一ペテロ一・二）。

私は信じます。なぜなら、あなたは、「ご自分の大きなあわれみのゆえに、イエス・キリストが死者の中からよみがえられたことによって、私たちを新しく生まれさせて、生ける望みを持たせてくださいました」（第一ペテロ一・三）。

なぜなら、イエスよ。あなたは「栄光の望み」（コロサイ一・二七）であられ、そして、あなたは私のうちにおられ、私の望みは、昨日も、今日も、永遠に、ずっと生きているからです！

おわりに

祈りは、世界を動かす御手を動かす。(E・M・バウンズ)

ウィリアムは、母親のキリスト信仰には関心がありませんでした。母は息子に、イエスについて頻繁に話しましたし、母が自分の救いのために祈っているのを頻繁に見かけましたが、彼は自分の道を歩み続けました。

母は死ぬ前に、息子に聖書を渡しました。

彼はその聖書を、臨時のお金が少し必要になったときに売りました。

それでも、ウィリアムは、いわゆる「成功した」放蕩息子でした。彼は大学の医学部を卒業し、病院で医師として働き始めました。

ある日、仕事現場で深刻な事故にあった一人の男性が彼の病院に運ばれて来ました。ウィリアムは医師として、彼を助けようと手を尽くしましたが、その怪我によって、彼がまもなく死んでしまうのは明らかでした。ウィリアムは自分にできる限りのベストな方法で、そのことを彼に伝えました。

その男性は、二つのことをリクエストしました。彼は、家賃を払いたいので、家主に会いたいと言いました。また、その家主に、彼の聖書を持って来てほしいと頼みました。

男性は、それから、その聖書をずっと身近に置いていました。彼はできる限り聖書を読んでいました。聖書を自分で持つ力がなくなると、彼は聖書を自分の掛け布団の下に置いていました。それからまもなくして、彼は死にました。

彼が死んだ後、看護師が彼の部屋を掃除していました。そして、その聖書を見つけました。「これはどうしましょうか」。看護師がその聖書を渡しながら、ウィリアムに尋ねました。

ウィリアムは、そのとき、何が起こったのかを、自身の言葉で以下のように記録しています。

私はその聖書を手に取った。私は、自分の目を疑った。それは、私の聖書だったのだ。私が両親の家を出たときに母が私にくれた聖書、そして後に、お金が足りなかったときに少額で売ってしまった聖書だったのだ。その聖書には、母の手書きで書かれた私の名前がまだ書かれたまま残っていた。……

私は自らを深く恥じながら、その尊い本を見つめた。それは、不運な男性の最期に、慰めと新しい力を与えた。それは彼にとって、永遠の人生への道標となり、そうして彼は、平安と幸いの中で死ぬことができたのだ。そして、この聖書を、私の母からの最後の贈り物を、私はあまりにも馬鹿げた少額の金額で売ったのだ。……

私が自分の手に再び取り戻した聖書、それが私をキリストに立ち返るように変えたと言うに十分である。[*1]

ウィリアムの母親は、彼女の息子に対する祈りが聞かれるのをこの地上で見ることはありませんでした。しかし、彼女は、それらの祈りが答えられるのを天で見ました。母の祈りと信仰を通して、神は、彼女のこの地上での人生が終わってから何年も後になってその息子に触れるために、彼女を用いられました。彼女は主を信頼しました。そして、主は、真実なお方であることをお示しになりました。結局のところ、主ご自身がこう約束されたお方なのです。「あなたがたは、世にあっては患難があります。しかし、勇敢でありなさい。わたしはすでに世に勝ったのです」[訳注1]（ヨハネ一六・三三＊訳注・『聖書 新改訳』〈第三版〉）。「勇敢でありなさい」。私たちは、イエスからのこの言葉を何度も繰り返して聞く必要があります。

イエスはこの言葉をしばしば仰せられました。

体が麻痺した若者に、主は言われました。「子よ。しっかりしなさい[訳注2]」（マタイ九・二）。長年の間病気を患った女の人が主の着物に触ったとき、主は言われました。「娘よ、しっかりしなさい[訳注3]」（マタイ九・二二）。

（＊訳注1・2・3　英語版聖書（NIV、NKJV、ESVなど）では、「気落ちしないで元気を出しなさい、しっかりして勇敢でありなさい」という意味の慰めと励ましの言葉で、三箇所とも同じ言葉が用いられている）

神は、私たちの放蕩息子や放蕩娘に対する祈りを聞いておられます。そして、神はご自身が真実であられることを示されます。たとえその困難が打ち勝ち難いもののように思えても、私たちは勇敢であり得るのです。なぜなら、主は世をその御手の中に握っておられるからです。たとえ、私たちの祈りがずっと聞かれないように思えても、それは答えられる途中にあるのです。

このことは、ウィリアムのエピソードを私たちに思い起こさせます。

ドクター・ウィリアム・P・マッケイは、やがて医学界を離れ、ミニスター（神に仕える者）

になりました。神は、彼の著書と賛美歌を通して、多くの人々に霊感を注ぐために、彼を用いました。彼の賛美歌の中で一番有名な「リバイブ・アス・アゲイン（私たちを再び生き返らせてください）」は、彼の創造主に対する、人々に伝染していく愛に満たされた、情熱的で真実な心を表現しています。

おお、神よ。あなたの光の霊のゆえに、私たちはあなたをほめたたえます。
あなたは私たちに救い主を示してくださって、私たちの闇を追い払われました。
ハレルヤ！　栄光はあなたのものです！　ハレルヤ！　アーメン！
ハレルヤ！　栄光はあなたのものです！　私たちを再び生き返らせてください！

これらの言葉を彼が書いたとき、きっと彼の母親は笑みを浮かべていたであろうと、私は思います。

＊1　ロバート・モーガン『そのとき、私の魂は歌う』（*Then Sings My Soul*）一四七頁より

訳者あとがき

この本の著者は牧師です。でも、牧師の息子と娘が放蕩の子になってしまったのです。まさか、自分の子が放蕩の子になろうとは考えもしなかったでしょう。私もそうでした。毎週教会で同時通訳の奉仕をし、娘も小さい頃からいつも一緒でした。一人娘なので、いつまでも仲良しの母娘で、特別に近い愛の関係をもって過ごすことを夢見ていました。力強く成長したクリスチャンの娘と、いつか共に神に用いられることも夢見ていました。でも、その娘が、まさかの放蕩娘になってしまったのです。悪夢のような高校時代の後、まるで神や親から逃れるように娘が家を出て行ってしまったとき、私はまさしく、「娘を永遠に失ってしまった」と思いました。私が夢見ていた娘との愛の関係は、完全に絶たれてしまったように思われました。いったいどこをどう間違ったのだろうと自分を責め、心打ちひしがれ、娘の永遠の未来を疑い、恐れ、嘆き悲しみ、泣き崩れる毎日でした。そんなときに、私はこの本に出会ったのです。

各週の初めで著者が分かち合ってくれた体験、祈りの中からうかがえる著者と子どもたちの様子が、私の体験と私たち母娘との様子と重なりました。あまりにも似ていて驚きました。だからこそ、共感し、大きく慰められました。それで、少しずつ祈れるようになっていきました。毎日みことばで祈っていくごとに、励まされ、希望が見えてきました。娘は永遠に失われてしまったのではないと。そして、多くのみことばの約束から、力を得ました。主が必ず娘を立ち返らせて救ってくださると。

祈り続けるうちに、はじめは空っぽのままだった祈りのページの空間が、だんだん埋まっていくようになりました。そして、主が娘を立ち返らせ、救い、和解させてくださるだけでなく、理解を超えたすばらしいことを成してくださると、確信が出てきました。さらに祈り続けるうちに、その確信がどんどん強くなり、祈りが賛美へとつながっていくようにもなりました。そして、著者と共に、「放蕩の子は特別な祝福」であると、主に感謝できるようになりました。

この祈りの本を用い、みことばで祈っていくにつれ、慰めと励まし、希望と確信を与えられただけではなく、私の視点が正されることにもなりました。

愛する者から拒絶される悲しみ、愛する者が滅びに向かい罪に陥っていくのを見る苦悩、愛する者がその結果として打たれ傷つくのを見る心の痛み……。放蕩の子を持つ親のすべての嘆き悲しみは、いつの時代も、多くの親が体験したことです。そして、神ご自身が体験されたことです。それなのに、悲しみのあまり、放蕩の子を持つ親の苦悩は誰にもわからない……と自己憐憫《れんびん》に陥り、心に囲いを作ってしまったことに気づかされました。放蕩の子を持つ親の痛みを一番理解してくださるのは主であられるのに。神なる主こそが放蕩の子を持つことを一番よくわかってくださるのに。だからこそ、ご自分のいのちを犠牲にするために人となって来てくださったのに。そんな基本的なことさえ見えなくなっていたことに気づかされました。

この本との出会いは、私に、あるみことばを思い起こさせてくれます。

「あなたがたが経験した試練はみな、人の知らないものではありません。神は真実な方です。あなたがたを耐えられない試練にあわせることはなさいません。むしろ、耐えられるように、試練とともに脱出の道も備えていてくださいます」（第一コリント一〇・一三）

この本は、「放蕩の子を持つ」という試練が私だけのものではないと思い出させてくれ、神のみことば、主への信頼をもっと増すようにとうながし、私の信仰を引き上げてくれました。嘆き悲しみで祈れない状態から、大いに期待して祈り続けるように導いてくれた、私にとっての「脱出の道」となりました。

私は、自分が放蕩の子を持つ経験をしたのも、この本と出会うためであり、この本を翻訳するための、神のご計画であったと思うのです。神は間違いも無駄もない方であり、すべてのことを働かせて益としてくださる方ですから。

著者と共に、訳者である私も放蕩の子を持つ親であることが、この本を読んで祈るすべての人にとって慰めとなることを祈ります。そして、この本によって主から慰められ、強められた人々が、さらに外へと遣わされて行くようになりますように、そして、救いが広がっていくようにと祈ります。


「神は、どのような苦しみのときにも、私たちを慰めてくださいます。それで私たちも、自分たちが神から受ける慰めによって、あらゆる苦しみの中にある人たちを慰めることができます。私たちにキリストの苦難があふれているように、キリストによって私たちの慰めもあふれているからです。私たちが苦しみにあうとすれば、それはあなたがたの慰めと救いのためです。私たちが慰めを受けるとすれば、それもあなたがたの慰めのためです。その慰めは、私たちが受けてい

るのと同じ苦難に耐え抜く力を、あなたがたに与えてくれます」(第二コリント一・四〜六)

私たちには、力であり、希望であられる主がおられます。主にある労苦は決して無駄に終わることがありません。この本を手にする親たちが、決して失望しないで、放蕩の子のために、主にあって大いに期待して祈り続けますように!

最後に、この翻訳出版にあたり、いのちのことば社の皆様、特に、藤原様には大変お世話になりました。感謝いたします。そして、根田様、本田様にも会わせてくださった主に感謝します。皆様との出会いは、完全に主の導きでした! ただただ、主に感謝です!

著者と共に、心を合わせて、主の御名をあがめます。

すべての栄光が、私たちの主だけに帰されますように!

二〇一八年九月

サンティラン前田登茂恵

著者　ジェームス・バンクス　(James Banks)

ノースカロライナ州ダラムのピースチャーチ教会牧師。二人の子どもの父親。本書『放蕩の子どものための祈り』の他にも、「The Lost Art of Praying Together」「Praying the Prayers of the Bible」「Prayers for Your Children」など、多くの祈りの著書があり、みことばに基づいた祈りは多くの言語に翻訳され、世界中の読者に励ましを与えている。米国では、コンファレンスやリトリートでのスピーカーとしても人気があり、キリスト教のテレビ番組やラジオのゲストとしても活躍している。

訳者　サンティラン前田登茂恵

通訳者・翻訳者。カリフォルニア州コスタメサのカルバリーチャペルにて、2003年より10年間、故チャック・スミス牧師の日曜礼拝の日本語同時通訳者として奉仕。教会出版の書籍やテキスト等の翻訳に携わる。趣味のカメラはプロ級の腕前で、砂漠のワイルドフラワーの写真は『いのちのことば』誌2018年度の表紙に起用された。一女の母。現在、夫と米国・カリフォルニア州に暮らす。ATA（アメリカ翻訳者協会）登録会員。

＊聖書は『聖書 新改訳2017』から引用しました。それ以外の聖書から
引用したものはそれぞれ出典を明記しました。

放蕩《ほうとう》の子どものための祈り
わが子のために祈る90日

2018年11月30日発行

著者　ジェームス・バンクス

訳者　サンティラン前田登茂恵

発行 いのちのことば社
164-0001 東京都中野区中野2-1- 5
編集 Tel.03-5341-6924 Fax. 03-5341-6932
営業 Tel.03-5341-6920 Fax. 03-5341-6921

印刷・製本 日本ハイコム株式会社

落丁・乱丁はお取り替えいたします。
Printed in Japan

ISBN 978-4-264-03960-0 C0016